쫄지 마 형사절차

쫄지 마 형사절차

초판 1쇄 발행 2015년 6월 29일
초판 5쇄 발행 2019년 12월 13일

지은이 민주사회를 위한 변호사모임

펴낸이 이상순 **주간** 서인찬 **편집장** 박윤주 **제작이사** 이상광
기획편집 박월, 최은정, 김한솔, 이주미, 이세원 **디자인** 유영준, 이민정
마케팅홍보 이병구, 신희용, 김경민 **경영지원** 고은정

펴낸곳 (주)도서출판 아름다운사람들
주소 (10881) 경기도 파주시 회동길 103
대표전화 (031) 8074-0082 **팩스** (031) 955-1083
이메일 books777@naver.com
홈페이지 www.books114.net

생각의길은 (주)도서출판 아름다운사람들의 교양 브랜드입니다.

ISBN 978-89-6513-355-1 03360

쫄지마 형사절차
수사편

민주사회를 위한 변호사모임

2008년 여름, 미국산 소고기 수입 반대 촛불집회가 시작되었습니다. 정부가 미국산 소고기 수입을 강행하려 하자, 자신과 가족들의 건강을 염려한 시민들은 삼삼오오 청계광장으로 모여들어 촛불을 밝혔습니다. 그러나 정부는 국민의 건강은 뒤로 한 채 일방적으로 미국산 소고기 수입고시를 발표하였고, 이에 성난 시민들은 광장을 가득 채우고 하나가 되어 '대한민국은 민주공화국이다. 모든 권력은 국민으로부터 나온다'는 노래를 부르며 '광우병 소고기 수입반대' '고시철회' 등을 외쳤습니다.

시민들의 촛불집회와 시위의 열기는 진정으로 뜨거워 한여름의 더위를 무색게 하였습니다. 이에 놀란 정부는 소위 '명박산성'이라 불리는 차벽을 설치하고 시민들을 향해 물대포를 발사하기도 하였으며, 시위 참가자는 물론 무고한 시민들까지 연행하기에 이르렀습니다.

촛불집회가 계속되는 동안 민변 회원들은 매일 저녁 '인권 침해 감시단'이라고 쓴 조끼를 입고 인권침해 감시활동을 전개하였으며, 경찰에 연행된 시민들을 접견하면서 수사받을 때 주의할 점과 향후 전개될 형사절차 등에 대해 설명을 하였습니다. 더 나아가 민변은 촛불집회 때 체포되어 약식명령을 받고 정식재판을 청구하였거나, 검사의 정식기소로 인해 재판을 받게 된 피고인들을 위해 무료로 변호인 선임을 하여 이들의 재판을 도왔습니다.

이 과정에서 민변은 시민들이 형사절차에 관하여 너무나도 알지 못해 방어권을 제대로 행사하지 못함을 깊이 인식하고, 시민들을 위하여 알기 쉬운 형사절차 해설서를 발간하기로 의견을 모으게 되었습니다. 그리하여 민변 회원 중에서 필자를 선정하였고, 선정된 필자들이 1년여간 작업한 끝에 2009년 12월《쫄지 마, 형사 절차!》라는 단행본을 발간하기에 이르렀습니다.

이제 민변이《쫄지 마, 형사 절차!》초판을 출간한 지도 6년이 지났습니다. 많은 세월이 흘렀지만 경찰의 공권력 남용은 전혀 줄어들지 않고 있습니다. 경찰은 민변이 주최한 대한문 앞 집회가 허가받은 집회임에도 불구하고, 집회 장소 내에 불법적으로 폴리스라인을 설치하고 고성능 확성기로 집회를 방해하는 등의 행위를 서슴지 않았습니다. 또한 4·16 세월호참사 이후 계속되고 있는 세월호집회에서는 불법적인 차벽 설치는 물론, 물대포 발사, 캡사이신 최루액 발사, 지하철 입구 무단봉쇄, 무차별적인 불법적 채증 등을 계속하고 있습니다. 또한 그 과정에서 집회 참여자뿐 아니라 주변을 지나가던 무고한 시민들을 무차별적으로 연행하는 것까지 계속되고 있습니다. 이런 상황에서 시민들에게 형사절차에 관한 알기 쉬운 해설서를 제공할 필요성은 여전히 크다 하겠습니다.

6년 전과 비교할 때 형사절차의 기본적인 틀은 변하지 않았습니다. 그러나 형사절차에 있어서 일부 법률 개정도 있었고, 중요한 법원 및 헌법재판소의 판례도 많이 쌓였습니다. 또한 SNS의 발달에 따라 새로운 형사절차 이슈도 여럿 등장하였습니다.

이에 민변은 작년부터 이 책의 개정판 발간 작업에 착수하였고, 황희석 변호사 등 필자들의 수고에 힘입어 개정판을 발간하게 되었습니다.

6년 전 책을 발간함에 있어서 필자들이 염두에 둔 점은 다음의 세 가지였습니다. 첫째 가능하면 쉬운 용어를 사용하고, 둘째 가까이에서 벌어지는 사례를 중심으로 설명하고, 셋째 기술 진보에 따른 새로운 유형의 인권침해 사례와 대응 방법도 함께 살펴보는 것이었습니다. 그리하여 시민들에게 형사절차에 대한 이해를 도와, 혹시라도 형사 피의자 내지 피고인이 되는 경우에 보다 효율적으로 자신을 방어할 수 있도록 하고자 함이 이 책의 발간 목적이었습니다.

이러한 3대 집필 원칙은 개정판에서도 다르지 않습니다. 굳이 다른 점을 찾는다면 예전보다 더 쉬운 용어를 사용하여 일반 시민들이 더욱 쉽게 이해할 수 있도록 도왔고, 최근에 우리 주변에서 벌어진 사례를 중심으로 한 판례 등을 보강하였으며, 카카오톡감청 등 새로운 유형의 인권침해 사례를 소개하였다는 것입니다.

아무쪼록 이 개정판이 일반 시민들이 부당한 공권력행사로 인한 인권침해로부터 스스로의 인권을 지키고, 혹시라도 맞부닥뜨릴 수 있는 형사절차에서 자신의 방어권을 제대로 행사할 수 있길 소망해봅니다.

끝으로 이 책을 발간하기까지 수고하신 집필자 및 편집자 여러분의 노고에 무한한 감사를 드립니다.

한택근(민주사회를 위한 변호사모임 회장)

목차

발간사   4

◀ 제1장 **수사란 무엇인가?**   13

1. 대관절 수사가 무엇이기에   14
2. 수사는 언제, 어떻게 시작되는가?   15
3. 누가 수사하는가?   29

◀ 제2장 **체포나 구속이 되었을 때**   35

1. 체포   38
2. 구속   50
3. 출국금지   61

◀ 제3장 **압수 · 수색이나 감청 등을 당했을 때**   69

1. 압수 · 수색영장   70

2. 압수·수색영장의 집행   75

3. 압수·수색영장의 예외   78

4. 위법수집증거 배제법칙   81

5. 전자정보(디지털매체정보)에 대한 압수·수색   85

6. 압수물의 처리와 돌려받기   94

7. 통신자료의 수집 및 통화의 감청 등   97

◀ **제4장 경찰이나 검찰에서 조사를 받게 될 때**   119

1. 수사기관에 출석하라는 요구를 받았다면   120

2. 피의자신문을 받을 때는 가능하면 변호인과 함께!   125

3. 진술거부권(묵비권)   134

4. 신문 과정에서 스스로 지키기   150

5. 영상녹화와 거짓말탐지기   155

6. 피의자신문조서에 서명과 날인을 요구받을 때의 대응 방법   160

7. 수사 과정에서 피의자인 여성·장애인·소년의 권리보호   164

제5장 **위법한 수사에 대한 대응**   177

1. 위법한 수사에 대한 국가배상청구   179
2. 수사관에 대한 형사고소(고발)   194
3. 해당 기관 진정 또는 국가인권위원회 등 외부기관 진정   209

제6장 **수사의 종료(기소 또는 불기소)**   227

1. 수사는 언제, 어떻게 끝나는가?   228
2. 종국처분에는 무엇이 있는가?   230

제7장 **범죄의 피해자가 된 경우**   247

1. 형사소추의 발동 – 고소   249
2. 형사조정제도   257
3. 수사 과정에서 피해자의 보호와 구제   261

제1장

수사란 무엇인가?

1.
대관절 수사가 무엇이기에

수사란 범죄자를 발견하여 처벌함으로써 범죄를 억제하고 자, 국가로부터 권한을 부여받은 수사기관이 범죄를 저질렀다고 의심되는 사람(이런 사람을 피의자라 한다)을 조사하고 범죄의 증거를 수집한 뒤, 범죄가 확실하다고 판단될 경우 피의자를 처벌하기 위해 법원의 재판에 넘기기까지의 활동을 말한다. 수사기관이 수사를 한 결과 어떤 사람이 범죄를 저질렀고 처벌이 필요하다고 판단되면 법원에 피의자를 처벌해달라고 형사재판을 청구하게 되고, 그렇지 않다면 피의자에 대한 수사를 종료하게 되는 것이다.

이처럼 수사기관이 행하는 수사와 판사가 범죄를 저질렀는지의 여부를 증거를 기초로 판단하고 죄가 인정되면 처벌하는 형사재판을 합쳐 '형사절차'라고 한다. 수사는 형사절차의 시작이자 형사재판의 전 단계라 할 수 있다.

2.
수사는 언제, 어떻게 시작되는가?

　형사절차가 수사로 시작된다고 한다면, 수사는 어떻게 시작되는 것일까? 수사의 개시를 특별히 어렵게 생각할 필요는 없다. 왜냐하면 범죄를 저질렀다고 의심되는 단서가 있으면 수사를 개시할 수 있기 때문이다. 쉽게 말해 범죄를 저질렀다는 정보가 수사기관에 접수될 때 수사기관은 기지개를 켜고 활동을 개시하는 것이다.

　범죄를 저질렀다는 정보가 수사기관에 접수되거나 파악되는 경로와 방법은 다양하다. 어떠한 경로나 방법으로 범죄혐의가 수사기관에 접수되거나 파악되는지 한번 살펴보자.

사례 1

A는 지하철을 타고 집에 가는 길이었다. 퇴근 시간이라 사람이 많아서 몸을 움직이기 힘들 정도였다. 그런데 뒤에 서 있던 B가 A의 어깨를 두드리

며 항의했다. B는 A가 팔꿈치로 자신의 명치를 쳤다고 했다. A는 팔꿈치로 친 적이 없다며 맞받았고, B는 A가 사과하지 않는다며 화를 냈다. 두 사람은 서로 잘못을 따지며 큰 목소리로 싸우다가 감정이 격해지자 근처 지하철역에서 내렸다. A는 사람들이 보는 앞에서 큰소리로 욕을 했고, B는 화가 나 A의 멱살을 잡았다.

현행범

위 사례에서 A와 B가 실랑이를 넘어 서로 주먹질을 하기 시작했고, 마침 지하철수사대에 근무하던 경찰이 이를 목격했다고 생각해보자. 보통 경찰관은 두 사람의 싸움을 말리고, A와 B가 화해하여 상대방을 처벌할 의사가 없고 폭행 정도가 심각하지 않으면 더 이상 수사에 들어가지 않고 그 자리에서 집으로 돌려보낸다. 하지만 어느 한 사람이 상대방을 처벌하기 원하거나 폭행 정도가 심각하면, 경찰은 그 자리에서 폭행의 현행범으로 수사를 하기 시작한다. 경찰은 통상 두 사람에게 경찰서나 가까운 파출소(지구대)로 가서 조사를 받자고 요구한다. 이때 A나 B가 자신의 신분과 연락처를 경찰관에게 제공하면서 나중에 출석하겠다고 밝히고 귀가를 요청하면 경찰관이 그에 응할 수도 있지만, 그냥 넘어가지 않고 계속 수사하기로 한다면 그 경찰관은 A와 B에게 경찰서나 가까운 파출소(지구대)까지 동행하자고 요구할 것이다. A와 B가 동행요구에 응하지 않으면 현행범으로 체포하여 강제로 끌고 갈 수도 있다. 현행범으로 체포된 이후의 과정은 나중에 다시 살펴보기로 하고, 여기서는 경찰관이 범죄가 발생하는 현장에서 범죄자로 지목되는 자를 현행범으로 인식하고 수사를 개시할 수도 있다는 점만 알고 넘어가자.

불심검문

불심검문은 수사가 개시되는 또 다른 계기이다. 위 사례에서 A와 B가 지하철역에서 싸우고 있을 때 이를 보던 사람이 경찰에 신고하였으나, 경찰관이 도착하기 전에 싸움이 끝나 A는 사라지고 없고 B는 지하철 출구에서 집으로 향하고 있었는데, B를 찾아낸 경찰관이 B를 제지하며 신분증을 보여달라고 요구하고 지하철에서 A를 폭행하였는지 B를 추궁한다고 가정해보자.

경찰관은 수상한 거동과 기타 주위 사정을 합리적으로 판단하여 어떠한 죄를 범하였거나 범하려 하고 있다고 의심할 만한 상당한 이유가 있는 자 또는 이미 행한 범죄나 행하려고 하는 범죄행위에 관하여 그 사실을 안다고 인정되는 자를 정지시켜 질문할 수 있는데(「경찰관직무집행법」 제3조 제1항), 이것이 불심검문이다. 이러한 불심검문을 통해서도 수사는 개시될 수 있다.

경찰관이 불심검문이라며 신분증을 보여달라고 요구하는 경우가 많다. 그러나 '범죄를 의심할 상당한 이유'가 있고 '범죄행위에 관하여 사실을 안다고 인정'되는 상황에서만 불심검문이 허용된다. 경찰이 주변에서 집회가 개최된다는 이유로 지나가는 사람을 멈추게 하고 신분증을 보여달라고 하는 것은 신체의 자유를 침해하고 국민을 잠재적인 범죄자로 취급하는 위법한 행위이다.

불심검문은 강제성이 없다. 불심검문을 당해도 경찰의 질문에 답변하거나 경찰의 요구에 응할 의무는 없다고 법률로 규정되어 있다. 헌법 제12조 제1항은 "형사상 자기에게 불리한 진술을 강요당하지 아니한다"고 하여 진술거부권을 규정하고, 「경찰관직무집행법」 제3조 제7항도 "(불심검문 시에) 그 의사에 반하여 답변을 강요당하지 아니한다"라고 되어 있다. 따라서 B는 경찰관에게 신분증을 보여줄 의무가 없다.

경찰이 신분증 제시를 요구할 때, 오히려 경찰에게 신분증을 제시하라고 요구할 수 있다. 불심검문 때 경찰은 시민에게 자신의 신분을 표시하는 증표를 제시하면서 소속과 성명을 밝히고 그 목적과 이유를 설명해야 한다(「경찰관직무집행법」 제3조 제4항). 법원은 '일반적인 불심검문의 경우에는 정복경찰관이라고 하더라도 신분증을 제시하여야 한다'고 판결했고(서울중앙지방법원 2003. 11. 25. 선고 2003노4873 판결), 국가인권위원회는 불심검문을 하면서 신분증을 제시하지 않는 경찰관들은 헌법 제12조(신체의 자유)와 「경찰관직무집행법」 제3조 제4항을 위반하여 검문받은 자의 인권을 침해한 것이므로 경찰관들에게 인권교육을 받으라고 여러 차례 권고한 바 있다.

쪽지 2 소지품 검사, 내 가방을 마음대로 열어본다고?

경찰이 시민에게 소지한 가방을 열어보라고 요구하는 경우도 있다. 경찰은 흉기를 소지하고 있는지 조사할 수 있으나(「경찰관직무집행법」 제3조 제3항), 무작정 허용되는 것은 아니다. 소지품 검사는 우선 옷이나 소지품의 외부를 손으로 만져 확인하는 외표검사가 허용된다.

이러한 외표검사를 넘어선 소지품 검사는 흉기 조사와 흉기 이외의 소지품 검사로 나눌 수 있다. 흉기·폭탄 등을 휴대하였다고 인정할 수 있는 상당한 이유가 있는 경우 소지인에게 먼저 소지품을 보여줄 것을 요구하고, 상대방이 이에 응하지 않으면 폭력을 사용하지 않는 범위 내의 물리력으로 흉기 등을 가지고 있는지 조사할 수 있다. 불심검문 때와 마찬가지로 여기서도 중요한 점은 '흉기를 소지했다고 인정할 만한 타당한 이유'가 있어야 한다는 것이다.

흉기 조사를 제외한 일반 소지품 검사는 전적으로 소지한 사람의 협조를 받아 이루어진다. 소지품 검사는 소지인의 동의를 반드시 얻어야 하며, 소지인은 소지품 검사를 거부할 권리가 있다. 소지인이 소지품 보여주기를 거절했는데도 경찰이 계속 요구하면 강제처분인 수색에 해당하므로, 소지인은 수색영장을 제시하라고 요구할 수 있다.

첩보

위 사례에서 A가 B에게 세차게 얻어맞아 정신을 잃었고, B는 그사이에 도망갔다고 생각해보자. 경찰관은 목격자에게 B의

생김새, 입은 옷, 행동에 대해 묻고, 지하철역에 설치된 CCTV 영상을 찾아 살피거나 역 근처 상점에 비슷한 사람이 온 적이 있는지 정보를 수집할 것이다. 수사기관이 다양한 방법으로 정보를 수집해서 범죄사실을 조사하는 것을 첩보라고 한다. 이처럼 피의자나 범죄에 관한 정보를 경찰관이 독자적으로 입수하는 행위를 통해서도 수사가 시작될 수 있다. 경찰청이나 검찰청은 이러한 수사첩보를 입수하기 위해 책임자를 두고 있기도 하며 여러 정보망을 운영하고 있기도 하다.

고소·고발·신고

위 사례로 돌아가 보자. A와 B는 서로 싸우다가 헤어졌는데, 그래도 분이 풀리지 않은 A가 다음 날 경찰서로 찾아가 자신의 멱살을 잡은 B를 폭행죄로 처벌해달라며 경찰관에게 요구하고, 이 소식을 들은 B도 경찰서로 달려가 A가 사람들이 보는 앞에서 자신을 욕했다며 A를 모욕죄로 처벌해달라고 경찰관에게 요구했다고 생각해보자. 이처럼 범죄의 피해자나 그와 일정한 관계에 있는 자가 수사기관에 범죄사실을 신고하여 범인을 처벌해달라고 요구하는 것을 '고소(告訴)'라 한다. 이렇게 범죄의 피해자가 고소를 할 때도 수사는 개시된다.

고소와 비슷한 것으로 '고발(告發)'이라는 것도 있는데, 이때도 수사가 개시된다. 고발이란 범인이나 범죄 피해자가 아닌 제

3자가 수사기관에 범죄사실을 신고하여 범인을 처벌해달라고 요구하는 것을 말한다.

그렇다면 우리가 흔히 말하는 '신고'와 '고발'은 어떤 차이가 있을까? 범인이나 범죄의 피해자가 아닌 제3자가 수사기관에 신고하는 것이니 사실 특별한 차이는 없다. 다만 신고는 범행사실을 알릴 뿐, 범인을 처벌해달라는 의사가 반드시 포함되어 있지는 않다. 유신 시절 경향 각지에 간첩이 침투해 있다며 '의심나면 다시 보고, 수상하면 신고하자'는 표어가 유행했다. 범죄인지 아닌지 잘 모르더라도 의심이 생기고 수상하면 수사기관에 알리는 것이 곧 신고인 셈이다. 물론 신고를 받은 수사기관이 살펴본 결과 별것 아니라 판단하면 사건 자체가 접수되지 않고 끝날 수도 있지만, 아무튼 신고도 수사의 단서가 되는 것은 틀림없다.

이처럼 범죄의 피해자가 고소를 하거나 제3자가 고발 또는 신고를 할 때도 수사가 개시된다.*

자수

범인이 수사기관에 자발적으로 범죄사실을 알리는 것을 '자수'라고 한다. 위 사례에서 B가 경찰서에 스스로 출석하여 자

---

* 범죄의 피해자로서 가해자를 고소하는 절차와 수사기관이 고소사건을 처리한 결과에 대한 대응에 관하여는 '제7장 범죄의 피해자가 된 경우'를 참고하기 바란다.

신이 A의 멱살 잡은 사실을 밝힌다면 자수가 되는 것이다. 자수는 직접 말로 하거나 글로 써서 할 수도 있다(『형사소송법』 제240조). 수사기관은 범인이 자수하면 곧바로 수사하게 되는데, 자수한 사람에게 범행사실을 물어 피의자신문조서를 작성하는 것으로 시작한다. 자수한 경우 법원이 형을 감경할 수도 있고(형법 제52조), 감경하지 않을 수도 있다.

A와 B가 경찰서에 찾아가 조사를 받던 중, B가 A에게 욕을 먹은 피해자라고 주장하다가 결국 A의 멱살을 잡았다고 사실대로 말하는 것도 자수라고 할 수 있을까? 판례는 수사기관의 질문이나 조사에 응하여 범죄사실을 진술하는 것은 '자백'일 뿐 자수가 아니라고 본다(대법원 1992. 8. 14. 선고 92도962 판결). 경찰관이 강도상해 등 범행을 수사하던 중에 다른 죄가 있는지 추궁하자, 강도강간의 범죄사실과 특수강도의 범죄사실을 자백한 경우에도 강도강간과 특수강도의 범죄를 자수한 것이라 볼 수 없다는 판례가 있다(대법원 2006. 9. 22. 선고 2006도4883 판결).

이처럼 현행범을 발견하거나 불심검문, 첩보 등의 방법으로 수사기관이 스스로 범죄를 파악해서 수사가 개시되기도 하고,** 피해자나 제3자의 고소·고발·신고 또는 범인 스스로의

** 이를 수사기관의 '인지(認知)'라고 한다.

자수로 수사가 개시되기도 하는데, 수사기관의 입장에서 볼 때 범죄의 혐의가 있다고 판단하여 공식적으로 수사를 개시하는 것을 '입건(立件)'이라 한다. 사건이 접수대장에 기록되는 것이다.

'내사'란 수사기관이 보도·소문·진정·탄원·익명의 신고 등을 통하여 범죄 의심이 있는 정보를 입수하고, 범죄혐의가 있는지를 확인하기 위한 조사활동을 말한다. 보통 내사의 대상이 된 사람을 '피내사자'라고 한다. 수사를 받는 사람들에 대해서는 '피내사자' '피의자' '참고인' 등 여러 명칭이 있는데, 정식으로 범죄 혐의가 있다고 판단하여 수사 대상이 된 피의자는 수사기관의 소환이나 활동에 협조할 의무가 있으나, 피내사자 등 그 외의 대상자는 그러한 의무가 없다는 차이가 있다. 따라서 수사기관의 소환통보를 받을 때는 제일 먼저 어떤 혐의와 신분으로 자신을 소환하는지 정확하게 알아야 최소한의 법적 이익을 보호할 수 있다. 수사 대상이 된 피의자는 헌법과 「형사소송법」이 정한 각종 권리를 행사할 수 있지만 내사 대상이 된 사람은 단순한 용의자에 불과하여 위와 같은 권리의 행사가 문제되나, 피내사자에게 수사기관에서 절차상 아직 입건을 하지 않았다는 이유로 진술거부권·변호인 선임권 등 헌법상의 권리가 보장되지 않는다면 수사 목적달성을 위하여 내사를 남용할 위험이 있으므로, 피내사자에게도 피의자와 같이 진술거부권을 비롯한 헌법상의 권리가 보장됨은 당연하다. 판례도 변호인의 접견교통권에 관하여 임의동행된 피내사자에 대하여도 이를 인정하여야 하는 것으로 판단하고 있다(대법원 1996. 6. 3.자 96모18 결정).

사례 2

대학생 C는 약속이 있어 서울시청 앞을 지나고 있었는데, 집회 때문에 와 있던 경찰관들이 C를 제지하며 신분증을 보여달라고 요구했다. C는 며칠 전에 주민등록증을 잃어버렸고 마침 학생증도 가져오지 않아 신분증이 없다고 하자 경찰은 경찰서에 같이 가자고 요구했다. C는 급한 약속이 있었기 때문에 갈 수 없다고 했지만 경찰관이 동행을 거부하면 강제로 연행하겠다고 겁을 줘 C는 어쩔 수 없이 경찰서에 갔다. C가 경찰서에 도착하자 경찰관은 시청 앞 광장에서 열린 집회에 참석했음을 전제로 집회 신고를 했는지, 경찰의 해산명령에 따르지 않은 이유가 무엇인지 추궁했다. C는 집회에 대해서는 알지 못하고 약속 장소로 가고 있었다고 대답했지만 경찰관은 '어린놈이 거짓말부터 배웠느냐'고 소리치며 욕을 했다. 경찰관은 C가 들고 있던 가방을 열어보라면서 직접 하지 않으면 강제로 열겠다고 윽박지르기도 하였다. C는 어쩔 수 없이 경찰관에게 가방을 열어 보여주고, 집회에 참석했으며, 해산명령을 듣고도 나가지 않았다는 내용의 거짓 진술서를 작성한 후 겨우 풀려나왔다. C는 경찰서에 도착한 후 7시간이 지나서야 돌아갈 수 있었다.

1. 경찰관이 신분증을 제시하라고 요구하거나 경찰서까지 같이 가자고 요구할 때 C는 이를 거부할 수 있는가?
2. 경찰관이 경찰서에서 C의 가방을 열어보라고 요구할 때 C는 거부할 수 있는가?
3. 경찰관은 C를 경찰서에 7시간 동안 붙잡아 둘 수 있는가?
4. 경찰서에서 C가 작성한 진술서 때문에 C는 처벌을 받을 것인가?

사례 2 해설

C는 경찰관이 신분증을 보여달라고 해도 거절할 수 있으며 경찰서에 따라 가지 않아도 된다. 수사기관이 불심검문 후 수사관서에 함께 가자고 요구하는 경우가 많은데 수사기관의 요구에 응하여 스스로 동행하였다고 해서 '임의동행'이라고 한다. 즉 본인이 수사관서에 출석할 생각이 없다고 거절하는데도 억지로 데려갔다면 임의동행이라고 할 수 없으므로 위법한 것이다. 판례는 수사관이 수사 과정에서 당사자의 동의를 받는 형식으로 수사관서에 동행하게 되는 경우 수사관이 미리 동행을 거부할 수 있다고 알려 줬거나, 언제든지 동행 과정에서 이탈·퇴거할 수 있었음이 인정되는 등, 오로지 자발적인 의사로 수사관서에 동행한 것이 객관적인 사정에 의하여 명백하게 입증된 경우에만 적법한 임의동행으로 본다(대법원 2006. 7. 6. 선고 2005도6810 판결).

경찰관의 요구에 따라 경찰서에 임의동행했다고 하여도 외관상 흉기 등을 소지하였다고 인정되는 상당한 이유가 없는 한 경찰관은 동행자의 동의 없이 소지품을 압수하거나 수색할 수 없다. 따라서 임의동행하여 조사를 받을 당시 의상이나 소지품에 대한 수색을 행하려고 한다면, 동행자는 수색영장 없이는 이에 응할 수 없음을 밝히고 수색 중지를 단호하게 요구해야 한다. 만약 수색 중지를 요구하였지만 경찰이 무시하고 수색한 물건은 원칙적으로 위법한 수색으로 취득한 증거물이므로 재판에서 증거로 사용할 수 없다. 법원도 피고인이 지구대에 임의동행되어 있는 상태에서 경찰관이 피고인의 집과 차량을 수색한 것은 사후에 지체 없이 압수·수색영장을 받지 아니한 이상 위법하므로 압수물의 사진 및 압수조서의 증거능력을 인정할 수 없다고 판결한 바 있다(서울중앙지방법원 2006. 10. 31. 선고 2006노2113 판결).

「경찰관직무집행법」 제3조 제6항은 경찰관이 임의동행한 사람을 6시간 넘게 경찰관서에 머물게 할 수 없다고 규정하고 있다. 경찰은 동행한 사람이 동의하더라도 6시간을 초과하여 조사할 수 없다. 또한 동행한 사람이 원한다면 6시간이 지나지 않았더라도 퇴거할 수 있게 해야 한다. 판례는 임의동행한 후 6시간이 되지 않았더라도 동행자가 경찰서에서 나가기를 원한다면 경찰은 언제든지 응해야 하며, 응하지 않으면 불법구금이 된다고 보았다(대법원 1997. 8. 22. 선고 97도1240 판결).

C는 경찰관이 강제로 연행할 수도 있다는 말에 어쩔 수 없이 경찰서에 가게 되었다. 대법원은 경찰이 "동행을 거부할 수도 있으나 거부하더라도 강제로 연행할 수 있다"고 말하여 동행하고 수사관서에서 화장실에 가자 경찰관이 따라가 감시한 사안에서, 경찰관이 이들을 동행할 때 물리력을 행사하지 않았고 이들이 명시적으로 거부의사를 표명하지 않았더라도 적법한 동행이 아닌 불법체포이며, 불법체포된 상태에서 작성한 진술서와 경

찰관이 작성한 진술조서는 증거능력이 없다고 판단했다(대법원 2011. 6. 30. 선고 2009도6717 판결). C는 경찰서에 7시간 동안이나 불법으로 구금되어 조사를 받았다. C는 언제든 경찰서에서 나올 수 있었고 만약 경찰관이 저지하였다면 그를 폭행하였더라도 공무집행방해죄가 되지 않는다. 도리어 C는 경찰을 불법감금죄로 고소할 수 있고, 국가배상을 받을 수도 있다.

3.
누가 수사하는가?

수사기관에는 검사와 경찰이 있다. 검사는 수사의 주재자이고 경찰은 검사의 지휘를 받아 수사를 한다(『형사소송법』 제196조). 현행법은 검사에게 경찰에 대한 지휘·감독권을 제도적으로 보장하고 있다. 따라서 현행법상 검사와 경찰의 관계는 상명하복 관계라 할 수 있다. 경찰의 수사권독립이 거론되는 이유도 이것이 배경이다.

일반적으로 범죄수사는 경찰의 수사로부터 시작된다. 물론 검찰이 스스로 범죄를 인지하거나 검찰청에 직접 접수된 고소·고발사건의 경우는 경찰의 수사 없이 검찰이 수사하기도 하지만, 이러한 경우는 그리 많지 않다. 실제 검찰청에 고소나 고발을 해도 검찰은 관할경찰서에 사건을 넘겨 수사하도록 하고 자신은 경찰에게 수사지휘만을 하는 경우가 많다. 그러면 경찰의 수사로 시작된 수사는 경찰에 의해서 끝나는 것일까?

경찰의 수사와 송치

「형사소송법」은 경찰이 독자적으로 수사를 개시하고 진행할 수 있으나, 검사의 지휘를 받아서 수사하도록 규정하고 있다. 따라서 만약에 사건이 입건되어 공식화되면 더 이상 경찰이 혼자서 사건을 처리할 수 없고, 사건의 결말에 대한 최종적인 결정(종국처분)은 검사가 하게 된다. 물론 벌금 20만 원 이하의 형벌로만 처벌할 수 있는 경미한 범죄에 관하여는 경찰서장이 검사를 거치지 않고 바로 법원에 즉결심판을 청구할 수 있는 기소권을 갖고 있다. 하지만 이는 아주 예외적인 경우이다.

한편 경찰에는 삼림·해사·전매·세무·군수사기관 등 전문분야에 대한 범죄수사를 담당하는 특별사법경찰관리가 있는데(「형사소송법」제197조), 우리가 알고 있는 일반적인 경찰, 즉 경찰서에 근무하는 경찰과 구분하여 특별사법경찰관리라 부른다. 「사법경찰관리의 직무를 행할 자와 그 직무범위에 관한 법률」이 이러한 사람들을 정하고 있는데, 예를 들어 임금체불사건을 노동부에 신고했을 때 사업주가 근로기준법을 위반하였는지 여부를 조사하는 근로감독관이 그런 특별사법경찰관리가 되는 것이다. 국가정보원 직원으로서 국가정보원장의 지명을 받은 자나 관세법위반사건을 조사하는 관세청 직원 그리고 산림훼손사건을 조사하는 지방자치단체의 직원도 위 법률이 정하고 있는 특별사법경찰관리이다. 이들은 모든 범죄를 수사할 수 있는 것이 아니고 자신의 업무에 관계된 특정 범죄에 관해서만 경찰관리로서의 직무를 수행한다.

경찰은 수사를 통하여 사건에 관한 사안의 진상을 파악하고 법령을 적용하여 검사에게 처리 의견을 건의할 수 있을 정도가 된 때에는 사건을 관할 검찰로 보내는데, 이를 '송치'라고 한다. 이때 경찰은 그동안 수사한 결과를 종합하여 사건에 대한 의견(기소, 불기소 등)을 붙여 송치하는데, 사건의 결말에 대한 최종적인 결정은 검사만이 할 수 있기에 경찰의 이러한 의견은 사건에 대한 최종적인 의견이 아님은 물론이다.

검찰의 수사와 종국처분***

검찰은 경찰로부터 송치받은 사건은 물론이고 검찰이 스스로 범죄를 인지하거나 검찰청에 직접 접수하여 고소·고발된 사건에 대하여 수사를 진행하는데, 경찰로부터 송치된 사건이 대부분을 차지하고 있는 것이 현실이다.

검사는 경찰로부터 송치받은 사건을 살펴본 결과, 미진한 부분이 있으면 추가로 수사하도록 경찰에게 지휘한다. 경찰이 추가 수사를 마치고 송치하면, 검사는 최종적인 처분을 내리기에 앞서 피의자를 검찰청에 출석하도록 하여 다시 한 번 조사를

*** 자세한 내용은 '제6장 수사의 종료(기소 또는 불기소)' 부분을 참고하기 바란다.

하기도 한다. 물론 검사가 보기에 경찰의 수사만으로 충분하다고 판단되는 경우에는 피의자를 소환하여 조사하지 않고 곧바로 최종적인 처분을 내리기도 하지만, 많은 사건은 여전히 경찰에서 조사하고 다시 검사가 조사하는 2단계를 거치고 있다. 이 때문에 사람들은 경찰에서 조사를 다 마쳤는데 왜 검사가 조사받으러 오라고 그러냐며 불만을 터뜨리기도 하는데, 우리나라 「형사소송법」이 경찰과 검사를 모두 수사기관으로 정해놓고 있어 이런 문제가 생기는 것이다.

아무튼 사건을 충분히 수사했다는 판단이 설 때, 검사는 범죄혐의가 있다고 판단하면 피의자를 처벌해달라고 법원에 재판을 걸게 되는데 이를 공소제기, 줄여서 '기소(起訴)'라 한다. 기소 중에서도 피의자를 징역형이 아니라 벌금형으로 처벌하면 충분하다고 판단할 때는 '약식명령청구'라는 방식으로 기소하기도 하는데, 이를 '약식기소'라고 한다.

반면에 검사가 사건을 수사한 결과 피의자에게 죄가 없거나 처벌할 필요가 없다고 판단하면 공소를 제기하지 않고 사건을 종결하는데 이를 '불기소처분', 줄여서 '불기소'라고 한다. 불기소처분에는 '공소권 없음' '죄가 안 됨' '혐의 없음' '기소유예'의 종국적인 종결처분과, 수사가 종결되지는 않았으나 피의자가 잠적을 한 경우에 하는 '기소중지', 목격자 등을 찾을 수 없어 중지하는 '참고인중지'의 잠정적인 종결처분이 있다.

이처럼 검사는 '기소'나 '불기소'처분으로 수사를 마무리 짓는데, 검사가 기소하는 경우 '피의자'는 법원의 재판을 받는 '피고인'의 신분으로 바뀌게 된다.

💡 **실전 팁**

Q. 입건은 무슨 말인가?

A. 입건이란 수사기관에 의해 범죄수사가 공식적으로 진행된다는 것을 의미한다.

Q. 수사기관에 연행되어가면 무조건 피의자가 되는 것인가?

A. 모두 피의자 신분이 되는 것은 아니다. '훈계방면', 줄여서 '훈방'이라 하여 입건되지 않고 석방되는 경우가 있다. 길거리에서 사소한 다툼을 벌여 신고를 받은 경찰이 지구대나 경찰서로 연행하였다가 싸운 사람들끼리 화해하면 특별한 절차 없이 그냥 석방되는 경우가 대표적인 예이다.

Q. 경찰이나 검찰에 가서 조사를 받고 별다른 말 없이 풀려났는데, 이렇게 되면 사건이 끝난 것인가?

A. 검사의 종국처분이 있기 전에는 사건이 종료된 것이 아니다.

제2장

체포나 구속이 되었을 때

체포나 구속은 수사나 형사재판의 진행을 위해 신체의 자유를 제한하여 일정한 장소에 구금하는 것이다. 형벌이 아닌데도 많은 사람은 그 자체로 형벌이라고 생각한다. 체포나 구속이 되면 수사나 재판 대응도 어렵고, 일상생활에 막대한 영향을 초래한다. 구금된 기간 동안 직장이나 가족을 잃는 경우가 많고, 구금 자체만으로 이미 범인 취급을 받는 경우도 많다.

그래서 「형사소송법」은 체포와 구속으로 인한 인권침해의 가능성을 최대한 막기 위해 '피의자에 대한 수사는 불구속 상태에서 함을 원칙으로 한다'는 이른바 불구속 수사 원칙을 천명하고 있다. 체포나 구속이 필요한 경우에도 원칙적으로 법원으로부터 영장을 발부받아야 하고, 영장을 집행하는 과정에서도 인권침해가 발생하지 않도록 최대한 주의를 기울여야 한다.

이번 장에서는 어떤 경우에 체포나 구속이 되는지 그 요건과 기준을 알아보고, 체포영장이나 구속영장이 어떻게 발부되고, 체포나 구속이 되는 경우에는 어떻게 대응할 수 있는지 살펴보자.

📝 참고 **무죄추정의 원칙**

모든 피의자나 피고인은 형사절차에서 유죄로 판결이 확정될 때까지 무죄로 추정되는데(헌법 제27조 제4항, 「형사소송법」 제275조의2), 이를 '무죄추정의 원칙'이라 한다. 이러한 원칙은 형사절차의 대전제로서 불구속 수사의 원칙도 여기에서 연유한다.

또 "의심스러운 때는 피고인의 이익으로(in dubio pro reo)"라는 유명한 금언도 있다. 무죄추정의 원칙에 따라 피고인에게 유죄판결을 내릴 확신을 얻지 못할 때는 무죄판결을 하여야 한다는 원칙으로, 이 역시 무죄추정의 원칙에서 연유한다. 그만큼 유죄는 확신에 가까운 엄격한 증명이 필요한 것이다.

그리고 피의자나 피고인은 무죄추정을 받으므로 국가는 피의자나 피고인에게 죄가 있다고 예단하거나, 여론재판을 하거나, 불이익한 처우를 해서는 안 된다. 이를 '불이익처우 금지의 원칙'이라 한다.

1.
체포

체포와 구속은 어떻게 다른가?

체포와 구속 모두 사람을 강제로 데리고 가서 감금하는 것인데, 구금 기간에 따라 짧은 것을 체포라고, 긴 것을 구속이라고 생각하면 된다.

수사기관이 피의자를 체포한 뒤 수사를 위해 더 장시간 감금해야 한다고 생각하면 체포된 때부터 48시간 이내에 구속영장을 청구해야 하고, 그렇지 않으면 아무리 늦어도 체포한 때부터 48시간 안에 체포된 사람을 석방해야 한다. 그래서 만약 수사기관한테 체포되었다면, 48시간이 다가올 무렵 구속영장을 청구하였는지 하지 않았는지 수사기관에게 확인해보아야 한다.

만약 수사기관이 구속영장을 청구하였더라도 판사가 구속시킬 필요가 없다고 판단하여 영장청구를 기각하면 피의자는 바로 석방되지만, 판사가 구속영장을 발부하면 그때부터 피의자는 체포 대신 구속이 된 것이다.

	체포	구속
목적	수사를 위하여	수사 또는 형사재판의 진행을 위하여
영장	체포영장 발부 영장 발부를 위해 별도로 심문 절차를 진행하지 않음	구속영장 발부 수사 단계에서는 영장실질심사를 함
기간	48시간 이내에 석방하거나 구속영장을 청구하여야 함	경찰 수사 단계에서 10일, 검찰 단계에서 10일(10일간 갱신 가능), 재판 과정에서 2개월 구금(갱신 가능)
구제 절차	체포적부심사	구속적부심사, 보석

체포도 종류가 여러 가지

1) 체포영장으로 체포하는 경우

체포를 위해서는 원칙적으로 영장이 발부되어야 하는데, 이 영장을 체포영장이라 한다. 구속영장과 마찬가지로 체포영장도 검사가 청구하여 판사가 발부한다.

체포영장은 언제 발부될까? 정당한 이유 없이 수사기관의 출석요구에 응하지 아니하거나, 응하지 아니할 우려가 있는 경우에 발부된다. 예를 들어 경찰이나 검사한테서 수사기관에 나와 조사받으라는 연락을 받고도 특별한 이유 없이 수사기관에 나가지 않거나 연락을 취하지 않는 경우 같은 것이다. 물론 범죄를 저지르고 이미 도망한 경우는 더할 나위가 없다. 다만 아주 가벼운 범죄에 대해서도 체포영장을 발부하는 것은 지나치므로, 50만 원 이하 벌금이나 구류 또는 과료에 해당하는 사건이라면 피의자가 일정한 주거가 없거나 정당한 이유 없이 검사나 경찰의 출석요구에 응하지 않는 경우에 한하여 체포영장을 발부할 수 있다.

2) 영장 없이 체포하는 경우

피의자를 체포할 때 반드시 체포영장으로만 체포할 수 있는 것은 아니다. 예외적으로 체포영장 없이 피의자를 체포할 수 있는데 (i) 긴급체포와 (ii) 현행범체포가 그 경우이다.

긴급체포는 ① 중대한 범죄혐의가 있고 ② 판사로부터 체포영장을 발부받으려고 시간을 끌다가는 피의자를 놓칠 우려가 있을 정도로 긴급한 경우에 한하여 체포영장 없이 피의자를 체포하는 것이다. 체포영장 없이도 긴급하게 체포할 정도라면 그 범죄가 가벼운 범죄여서는 안 되므로 「형사소송법」은 모든 범죄에 대해 긴급체포를 인정하지 않고, 사형이나 무기징역 또는 장기(長期) 3년 이상의 징역이나 금고에 해당하는 죄를 저질렀다고 의심되는 경우에만 긴급체포를 인정한다.

긴급체포는 피의자가 도망할 우려가 있거나 증거를 인멸

할 염려가 있어 판사의 영장을 발부받을 여유가 없는 긴급한 경우에 한하여 인정되는 것인데도, 수사기관은 체포영장을 발급받는 번거로움을 피하고 또 체포영장이 발부되지 않을 수도 있다는 생각이 들면 일단 피의자를 체포하면서 그것을 긴급체포라고 둘러대고 있어 긴급체포가 남용되고 있다는 지적이 일고 있다. 긴급한 필요도 없어 체포영장으로 체포해야 할 사안인데도 긴급체포를 남용하였다면, 이는 분명 긴급체포권의 남용이고 위법한 체포이다. 예를 들어 피의자가 경찰의 소환에 성실히 임했고 도망가지도 않았는데 긴급체포하거나, 참고인으로 불러놓고는 갑자기 피의자로 조사하겠다며 나가지도 못하게 하고 긴급체포한 경우가 바로 그런 사례이다.

「형사소송법」은 긴급체포의 남용을 방지하기 위하여 ① 긴급체포한 때부터 48시간 이내에 구속영장을 청구하지 않거나 ② 구속영장을 청구했지만 영장청구가 기각되어 영장을 발부받지 못하여 석방한 경우, 같은 범죄사실로 그 피의자를 다시 체포하지 못하도록 제한규정을 두었다(「형사소송법」 제200조의4 제3항).

📝 **참고 장기 3년? 단기 1년?**

징역형을 얘기하면서 장기니 단기니 하는 말이 덧붙는 경우가 있다. 예를 들어 긴급체포를 설명하면서 예를 든 '장기 3년 이상'이라 하면 법에서 정한 형벌의 상한선이 3년 이상인 것을 말한다. 예를 들어 절도죄는 형법 제329조에서 '6년 이하의 징역 또는 1000만 원 이하의 벌금'에 처한다고 규정하고 있으므로 법관은 절도죄에 대해 최장 6년까지 선고할 수 있다. 이 상한선을 '장기'라고 한다. 절도죄의 상한선이 6년으로서 장기 3년 이상에 해당하므로, 절도죄를 저지른 것으로 의심되는 피의자는 긴급체포의 대상이 되는 것이다. '단기'는 그와 반대로 법에서 정한 형벌의 하한선을 말한다. 예를 들어 흉기를 휴대하거나 두 명 이상이 같이 절도를 하면 특수절도죄가 되는데, 형법 제331조 제2항은 특수절도죄에 대하여 '1년 이상 10년 이하의 징역'에 처한다고 규정하고 있다. 이때 1년이 바로 단기가 되는 것이다.

현행범체포는 범죄를 저지르고 있거나 막 범죄를 저지른 현행범을 체포하는 것으로, 이 경우에도 체포영장 없이 피의자를 체포할 수 있다. 「형사소송법」은 ① 범인으로 쫓기는 사람 ② 범죄로 취득한 물건이나 범죄에 사용된 흉기, 기타 물건을 소지한 사람 ③ 신체 또는 옷 등에 현저한 증거 또는 흔적이 있는 사람 ④ 누구냐는 질문에 도망하려는 사람도 현행범으로 보고, 이들에 대해서도 영장 없이 체포할 수 있도록 하였다.

체포 절차

체포영장에 의한 체포든 긴급체포나 현행범체포든 모두 불문하고, 수사기관이 피의자를 체포할 때는 피의자에게 범죄 사실의 요지와 체포 이유, 진술을 거부할 수 있고 변호인을 선임할 수 있음을 말하고 변명의 기회를 주어야 한다. 소위 '미란다 원칙'이다. 만약 체포영장으로 체포할 때는 피의자에게 영장을 보여주어야 하고, 피의자는 영장을 보여달라고 요구할 수 있다. 또 수사기관은 늦어도 24시간 이내에 서면으로, 변호인이 있으면 변호인에게, 변호인이 없으면 피의자가 지정한 사람에게 피의사건명, 체포 일시와 장소, 피의사실의 요지 등을 알려주어야 한다.

이러한 체포 절차를 이행하지 않고 피의자를 수사하면 어떠한 제재가 뒤따를까? 최근 부산지방법원이 미란다 원칙도 고지하지 않고 서면으로 체포 통지도 하지 않은 수사는 위법하므로, 피의자를 체포한 뒤 조사하면서 작성한 피의자신문조서를 증거로 사용할 수 없다고 판단하였다(부산지방법원 2009. 4. 23. 선고 2008고정9097 판결).

헌법 제12조 제5항

누구든지 체포 또는 구속의 이유와 변호인의 조력을 받을 권리가
있음을 고지받지 아니하고는 체포 또는 구속을 당하지 아니한다.
체포 또는 구속을 당한 자의 가족 등 법률이 정하는 자에게는 그
이유와 일시·장소가 지체 없이 통지되어야 한다.

체포영장이 적법하게 발부되었는지, 그 발부 사유가
정당한지 다투기 위해서는 체포영장 내용을 확인해야 한
다. 그리고 체포영장에는 영장 유효기간이 적혀 있는데,
유효기간이 지난 영장은 무효이므로 반드시 유효기간을
확인한다. 영장 유효기간은 통상 7일이고, 지명 수배자에
대해서는 2년 이내의 범위에서 유효기간을 정할 수 있다.
막상 체포된 피의자가 영장 내용을 꼼꼼히 확인하기
란 어려운 일이다. 보여달라고 재촉하는 것이 내키지 않
는 경우가 다반사일 것이다. 그러나 수사기관이 체포영장
을 보여주는 것은 엄연한 법적 의무이고, 체포되었을 때
영장을 보여달라고 요구하는 것은 시민의 정당한 권리행

사이므로 주저하지 말아야 한다. 피의자뿐 아니라 피의자의 변호인, 법정대리인, 배우자, 직계친족(부모, 자녀), 형제자매나 동거인(사실상 동거 여부 기준) 또는 고용주(일용 노동자라 하여도 계속적 고용 관계에 있으면 가능)도 체포영장을 보관하고 있는 검사, 경찰, 법원 사무관 등에게 체포영장을 복사해 달라고 요청할 수 있다. 긴급체포나 현행범체포로 체포된 경우에도 피의자나 변호인 등이 긴급체포서 또는 현행범체포서의 복사를 요청할 수 있다.

체포 기간

체포영장에 의한 체포든 긴급체포나 현행범체포든 그 종류를 불문하고 수사기관에 체포된 피의자는 언제 집으로 돌아갈 수 있을까? 체포한 피의자를 계속 구속할 필요가 있다고 판단하면 검사는 지체 없이 법원에 영장을 청구해야 하는데, 구속영장은 피의자를 체포한 때부터 48시간 이내에 청구해야 한다. 만약 피의자에 대하여 구속영장을 청구하지 아니하면 즉시 석방해야 한다. 수사기관으로서는 피의자를 체포하면 일단 48시간가량 피의자를 구금하여 조사를 하는 셈이다.

문제는 수사기관이 피의자를 체포하고서 바로 조사를 하

지 않고 지체하며 구속영장을 청구할 것인지 아닌지 바로 판단하지 않거나, 피의자를 바로 조사한 결과 더 이상 피의자를 구속할 필요가 없어 구속영장을 청구하지 않을 것이 뻔한데도 48시간을 다 채운 뒤 석방하는 경우이다. 구속영장을 청구하는 경우에도 그와 같이 결정하면서 지체 없이 청구하지 않고 48시간을 다 채워 영장을 청구하는 것도 마찬가지다. 이런 일이 실제 빈번하게 발생하고 있는데, 대표적인 직권남용 사례이자 인권침해 사례이다.

체포적부심사청구

억울하고 위법하게 체포당했다면 구제받을 수 있는 절차가 있을까?

체포적부심사를 통해 구제받을 수 있다. 체포의 위법 또는 부당 여부를 심사해달라고 법원에 요청하는 것이다. 피의자가 직접 체포적부심사청구서를 작성하여 법원에 제출할 수 있고, 그 변호인, 가족, 동거인, 고용주도 청구할 수 있다. 돈이 없어 변호사를 선임하지 못한 경우, 법원에 요청하여 국선변호인의 도움을 받을 수 있다. 청구를 받은 법원은 지체 없이 심문기일을 정하고, 심문을 마치면 24시간 이내에 석방 여부를 결정한다.

체포적부심사를 청구하는 것이 마냥 체포된 피의자에게 유리한 것만은 아니다. 앞서 수사기관은 피의자를 체포한 뒤 48

시간 이내에 구속영장을 청구할 것인지 결정해야 한다고 했는데, 피의자가 체포되어 있는 사이에 체포적부심사를 청구하면, 법원이 체포적부심사를 위해 수사기관으로부터 관계 서류와 증거물을 받은 때부터 체포적부심사를 마치고 석방 여부를 결정한 뒤 이를 검찰청에 반환할 때까지의 시간은 수사기관이 피의자를 체포할 수 있는 48시간을 계산할 때 제외하기 때문이다. 법원이 체포적부심사를 하는 동안에는 수사기관이 체포한 피의자를 수사할 수 없으므로, 그 시간만큼은 48시간에서 빼야 한다는 수사기관의 입장이 반영된 셈이다. 그래서 체포적부심사를 청구해서 법원에게서 석방 결정을 받으면 모를까, 그렇지 않으면 체포로 구금되어 있는 시간이 길어지는 것이다.

사례 1

A는 회사자금횡령사건으로 몇 차례 조사를 받았다. 그런데 집에서 회사 출근 준비를 하는 도중에 경찰이 찾아와 회사자금횡령 건으로 조사를 하겠다며 A를 체포해갔다.

1. 체포당한 현장에서 A가 확인하거나 조치해야 할 것은 무엇인가?
2. 경찰이 A를 체포한 것은 적법한가?

사례 1 해설

체포되자마자 A는 자신이 어떤 사유로 체포되었는지 그리고 체포영장이 발부되었는지를 제일 먼저 확인해야 한다. 통상 체포된 피의자들은 두려움과 걱정으로 상황을 제대로 파악하지 못하는 경우가 많은데, 현행범이 아닌 이상 영장에 의한 체포인지 아니면 긴급체포인지를 확인하고, 영장이 발부되었다면 수사관에게 영장을 제시해달라고 요구해야 한다. 그리고 수사기관의 명칭과 체포하는 수사관의 이름과 구금(인치) 장소를 확인한 뒤, 소속 가족이나 지인에게 연락하여 자신이 체포된 사실과 구금 장소를 알려주어야 한다.

A는 회사자금횡령사건으로 경찰서에 여러 차례 출석하여 이미 조사를 받아왔기 때문에, A가 수사기관의 출석요구에 응하지 아니하거나 응하지 아니할 우려가 있는 경우가 아니므로 체포영장을 발부할 수 있는 사안은 아니다. 따라서 만약 체포영장이 발부되었다면 영장 발부 자체가 부당하다. 만약 수사기관이 체포영장으로 A를 체포한 것이 아니라 긴급체포한 경우라 해도 수사기관의 체포는 위법하다. 왜냐하면 A의 거주지가 일정하고 경찰도 A의 집을 알고 있었으므로 A가 도주할 우려가 있는 것도 아니고, 경찰의 출석요구에 응하여 조사를 받아왔으므로 체포영장을 발부받을 여유가 없을 만큼 긴급한 상황도 아니기 때문이다. A가 체포될 당시나 그 무렵에 회사자금을 횡령하고 있던 상황이 아니었으므로 경찰은 A를 현행범으로 체포할 수도 없다.

📝 참고 **당직변호사제도**

당직변호사제도는 시민들이 수사기관에 의해 체포되었을 때 등과 같이 즉시 변호인의 도움을 받아야 할 사정에 처했을 때, 피의자를 찾아가 접견하면서 법률적인 조언을 제공하기 위하여 일부 지방변호사회가 주체가 되어 운영하고 있는 제도이다. 이 제도를 이용하면 특히 체포나 구속된 피의자가 검찰에 의해 기소되기 전 단계에서 경제적인 사정으로 사선변호인을 선임할 수 없는 경우에, 저렴한 비용으로 변호인의 도움을 받을 수 있다. 당직변호사제도가 시행되고 있는 지방변호사회와 당직변호사 대표전화는 다음 표와 같다.

▪ 〈각 지방변호사회의 당직변호사 대표전화〉(2015년 4월 현재 기준)

지방변호사회	당직변호사 대표전화	지방변호사회	당직변호사 대표전화
서울지방변호사회	(02) 3476-8080	대구지방변호사회	(053) 741-6338
경기중앙지방변호사회	(031) 211-8132	부산지방변호사회	(051) 506-8500
전북지방변호사회	(063) 252-7710	경남지방변호사회	(055) 266-0604~6
충북지방변호사회	홈페이지에서 확인 가능	광주지방변호사회	(062) 222-0430, 0858
대전지방변호사회	(042) 472-3398	인천지방변호사회	(032) 861-2172

2.
구속

구속이란?

체포가 피의자를 48시간 내에 조사하여 장기간 구금할 것
인지 말 것인지를 결정하기 위한 짧은 구금이라면, 구속은 수사
기관이 피의자를 좀 더 오랫동안 조사하고 증거를 수집하기 위
한 장기간의 구금이라 할 수 있다. 이처럼 피의자를 장기간 구
금하는 것은 헌법이 보장한 기본권인 신체의 자유를 심각하게
제한하는 것이므로, 피의자를 구속하는 데에는 엄격한 기준을
적용해야 한다.

헌법 제12조 제1항은 "모든 국민은 신체의 자유를 가진다.
누구든지 법률에 의하지 아니하고는 체포·구속·압수·수색 또
는 심문을 받지 아니하며, 법률과 적법한 절차에 의하지 아니하
고는 처벌·보안처분 또는 강제노역을 받지 아니한다"고 규정
하고 있고, 「형사소송법」 제198조 제1항도 "피의자에 대한 수사

는 불구속 상태에서 함을 원칙으로 한다"고 규정하고 있다.

그러면서도 「형사소송법」은 피의자가 죄를 범하였다고 의심할 만한 상당한 이유가 있고 ① 일정한 주거가 없거나 ② 증거를 인멸할 염려가 있거나 ③ 도망하거나 도망할 염려가 있는 경우에는 판사가 구속영장을 발부하여 구속될 수 있다고 규정하고 있다(「형사소송법」 제201조 제1항. 단 50만 원 이하의 벌금, 구류 또는 과료에 해당하는 사건에 관해서는 일정한 주거가 없는 경우에 한해서만 구속이 가능하다).

구속영장의 청구와 심사 과정

앞서 설명한 것처럼 수사기관이 피의자를 체포한 경우, 검사는 체포한 때부터 48시간 안에 피의자에 대하여 법원에 구속영장을 청구하든지 그렇지 않으면 피의자를 석방해야 한다. 피의자를 체포한 수사기관이 경찰이고 피의자를 구속해야 하겠다고 판단하면 경찰은 피의자에 대한 구속영장을 청구해달라고 검사에게 신청하고, 이 신청을 받아 본 검사가 경찰의 신청이 적절하다고 생각하면 법원에 구속영장을 청구한다. 피의자가 체포되지 않은 상태에서도 검사는 구속영장을 청구할 수 있다. 그러한 영장을 통상 '사전구속영장'이라 부른다.

아무튼 검사가 구속영장을 청구하면 피의자를 구속할 것인지 말 것인지 결정하는 주체는 법원의 판사이다. 판사는 영장을 청구받은 즉시, 늦어도 다음 날까지 피의자를 심문하고 통상적으로는 심문한 당일 영장 발부 여부를 결정한다. 다만 그러한 결정을 하기 이전에, 판사는 구속영장을 발부하기에 앞서 피의자가 도망을 가는 등의 이유로 심문할 수 없는 경우를 제외하고는 반드시 피의자를 법정에 불러 피의자를 구속시킬 사유가 있는지 없는지 직접 심문하고 검사와 변호인의 의견을 들어야 한다. 판사가 구속영장을 발부할 것인지 아닌지를 결정하기 위해 피의자를 불러 심문하는 것을 '구속 전 피의자신문'이라 하고 흔히 '영장실질심사'라고 부른다. 영장실질심사를 담당할 판사는 심문기일을 검사에게 통지하고, 영장실질심사를 할 때 변호인이 선임되어 있지 않으면 판사는 직권으로 국선변호인을 선정하여 피의자를 돕도록 한다.

피의자가 이미 체포되어 있는 상태라면 검사는 영장실질심사가 열릴 법정으로 피의자를 구인하여 데리고 가고, 피의자가 체포되지 않은 상태라면 통상 검사나 경찰이 체포되지 않은 피의자에게 심문기일을 알려주면서 피의자가 자진하여 법정에 출석하도록 하지만, 자진하여 출석하지 않을 것 같으면 판사가 심문기일을 지정하면서 발부하는 구인장을 검사가 받아 경찰 등을 통해 피의자를 강제로 법정에 데리고 온다.

영장실질심사의 준비

모든 피의자는 영장실질심사 과정에서 변호인의 도움을

받을 수 있다. 피의자가 변호인을 선임하지 않았다면, 피의자가 변호인을 선임할 경제적 능력이 있건 없건 묻지 않고 판사는 직권으로 국선변호인을 선정해준다. 요즘은 모든 법원이 국선변호인실을 운영하고 있어서, 영장실질심사 당일에도 국선변호인의 조력을 받을 수 있다. 법률규정으로는 그와 같이 선정된 국선변호인은 구속영장청구가 기각되지 않는 한 피의자가 기소되어 재판받을 때 재판의 1심까지 변호인으로서 자격을 가지지만, 실무에서는 영장실질심사가 끝나면 법원이 국선변호인의 자격을 취소하는 경우도 있다.

영장실질심사는 다른 재판과 달리 공개되지 않기 때문에 피의자와 변호인 이외에는 원칙적으로 법정에 들어갈 수 없다. 그러나 피의자의 친족이나 피해자 등 이해관계인은 법원의 허가를 받아 방청할 수 있다.

영장실질심사는 어떻게 준비해야 할까? 영장실질심사도 재판이므로 자신에게 유리한 자료를 법원에 제출하여 영장이 발부되지 않도록 최선을 다해야 한다. 우선 영장청구 이유를 확인해야 하므로 법원에 가서 검사의 영장청구서를 복사한다. 피의자 이외에 변호인, 법정대리인, 배우자, 직계친족(부모, 자녀), 형제자매나 동거인 또는 고용주도 복사할 수 있다.

영장청구서 내용을 확인한 다음 범죄사실에 대한 변명과 구속 사유가 없다는 내용의 의견서를 제출하거나 관련 자료를 법원에 제출한다. 영장실질심사는 죄의 유무를 다투는 재판이 아니라 구속영장 발부 여부를 다투는 재판이므로, 죄를 저지르지 않았다는 점도 설명해야 하겠지만 구속해서는 안 되는 사유를 설명하는 데 중점을 두어야 한다. 즉 판사는 피의자가 범죄를 저질렀다고 의심할 만한 상당한 이유가 있는지도 살펴보지만 또 다른 구속의 사유, 즉 ① 일정한 주거가 없거나 ② 증거를 인멸할 염려가 있거나 ③ 도망하거나 도망할 염려가 있는지 여부를 살펴보기 때문에, 피의자는 집에서 거주하고 증거를 없애거나 도망갈 염려가 없음을 밝히는 노력을 게을리해서는 안 된다. 판사는 이러한 구속 사유를 심사할 때 범죄가 중대한지, 피의자가 다시 범죄를 저지를 위험이 있는지, 피해자와 중요 참고인 등에게 위해를 가할 우려가 있는지를 고려하므로 이와 관련해서도 유리한 주장과 자료를 준비하는 것이 필요하다. 영장실질심사가 끝난 뒤에는 판사가 구속영장 발부 여부를 결정할 때까지 경찰서나 검찰청에서 대기한다. 심사 결과 판사가 피의자를 구속할 사유가 없다고 판단하면 검사의 영장청구를 기각하고, 구속할 사유가 있다고 판단하면 구속영장을 발부하는데, 영장이 발부되면 검사는 영장을 집행하게 된다. 영장의 집행이란 바로 피의자를 구금하는 것이다.

구속영장집행과 구속 기간

구속영장이 발부되면 수사기관은 피의자를 경찰서 유치장이나 구치소에 구금하는데, 이때도 수사기관은 즉시 피의사실의 요지와 구속 이유, 구속적부심사청구권과 변호인 선임권을 알려주고 변명의 기회를 주어야 한다. 그리고 24시간 이내에 피의자의 변호인 또는 피의자가 지정한 가족 1인에게 구속사실과 장소, 구속적부심사청구권 등을 알려준다. 경찰이 피의자를 수사하고 있는 단계에서 구속영장이 청구되었다면 피의자는 경찰서 유치장에 구금될 것이고, 경찰이 수사를 마쳐 검찰에게 사건을 송치한 단계나 처음부터 검찰이 수사를 하고 있던 단계에서 구속영장이 청구되었다면 피의자는 구치소에 구금될 것이다.

구속영장이 발부되면 피의자는 무한정 구금되어 있어야 하는 것일까? 그렇지 않다. 수사기관이 구속영장을 청구하여 발부된 경우, 수사기관이 피의자를 구금할 수 있는 기간은 피의자를 체포한 때부터 계산하여 경찰이 10일, 검사가 20일, 합계 최장 30일이다. 만약 이 기간을 넘어서 수사기관이 피의자를 구금하고 있으면 불법구금이 된다.

예를 들어 경찰이 수사하는 단계에서 구속영장이 발부된 경우, 경찰이 피의자를 구금할 수 있는 최대 기간은 피의자를 실제 체포한 때부터 10일이다. 그 10일 안에 경찰은 수사를 마치고 사건을 검찰로 보내거나(송치) 아니면 피의자를 석방해야 한다. 경찰에서 사건을 송치받은 검사도 사건을 송치받은 날부터 10일 안에 수사를 마치고 기소하거나 아니면 피의자를 석방해야 한다. 만약 경찰이 수사한 것이 아니라 처음부터 검찰이 수사를 하다가 그 중간에 구속영장이 발부되었다면, 이 경우에도 검사가 피의자를 구금할 수 있는 최대 기간은 피의자를 체포한 때부터 10일이다. 그 10일 안에 피의자를 기소하거나 아니면 피의자를 석방해야 한다. 다만 검사는 판사의 허가를 받아 10일을 넘지 않는 한도에서 구속 기간을 1회 연장할 수 있으므로, 검사가 최대로 피의자를 구금할 수 있는 기간은 20일인 셈이다.

만약 구속된 피의자에 대한 수사를 마치고 검사가 위 구속 기간 안에 피의자를 기소하면 이제 피의자는 피고인이 된다. 그럼 이때부터는 피고인의 구속 기간은 어떻게 될까?

검사가 구속된 피의자를 기소하면 1심 법원은 기소한 때부터 2개월까지 피고인을 구속할 수 있고, 2개월 단위로 2차에 한하여 구속 기간을 연장할 수 있다. 이 기간 안에 재판을 마치지 못하면 피고인을 석방해야 한다. 2심·3심 법원도 각각 2개월씩 2차에 한하여 구속 기간을 연장할 수 있는데, 피고인 또는 변호인이 신청한 증거의 조사나 상소 이유를 보충하는 서면 제출 등으로 추가 심리가 필요한 부득이한 경우에는 3차에 한하여 구속 기간을 갱신할 수 있으며, 역시 이 구속 기간 안에 재판을 마치지 못하면 피고인을 석방해야 한다.

구속적부심사

구속영장이 발부된 피의자가 석방될 수 있는 방법은 무엇일까? 체포가 위법하거나 부당할 때 체포된 피의자가 체포적부심사를 청구할 수 있는 것처럼, 구속된 피의자는 구속이 위법하거나 부당하다고 생각하면 법원에 재판을 청구할 수 있는데, 이것을 '구속적부심사'라 한다.

구속적부심사는 법원이 구속이 적법한지, 구속을 계속할 필요가 있는지를 심사하여 석방 여부를 결정하는 제도이다. 비록 영장실질심사를 거쳐 구속영장이 발부되었지만, 영장 발부가 위법하거나 영장이 발부된 이후에 피의자의 사정이 달라져 계속 구금할 필요가 없는 경우 영장 발부에 대해 재심을 받는 셈이다.

구속적부심사는 피의자나 변호인, 가족, 동거인, 회사 사장 등이 청구할 수 있다. 법원은 구속적부심사청구서를 접수하면 바로 심문기일을 지정해주는데, 청구서를 받은 때부터 48시간 이내에 피의자를 심문하고 심문을 마치면 24시간 이내에 석방 여부를 결정한다. 변호인을 선임하지 못한 경우 법원은 국선변호인을 선정해준다.

법원은 구속적부심사를 통해 구속이 위법하거나 부당하다고 판단하는 경우에 피의자를 석방한다. 예를 들어 검사가 현행범으로 체포된 피의자에 대해 48시간 이내에 구속영장을 청구해야 하는데 그 기간을 지나서 청구하였고 영장실질심사를 한 판사도 이러한 사정을 모르고 영장을 발부한 경우, 영장이 위법하므로 구속피의자는 구속적부심사청구를 하여 석방될 수 있다. 구속영장이 발부된 후에도 피의자가 피해를 변상했거나 피해자와 원만히 합의한 경우 역시, 사안에 따라 다를 수 있지만 구속적부심사에서 좋은 결과를 기대할 수 있다.

법원은 구속의 적법 여부를 떠나 보증금 납입을 조건으로 피의자를 석방할 수도 있다. 피의자가 구속적부심사에서 구속의 위법 또는 부당으로 조건 없이 석방되었다면, 도망하거나 증거를 인멸하지 않은 이상 같은 범죄사실로 다시 체포하거나 구속할 수 없다.

사례 2

경찰이 처와 둘이서 분식집을 운영하는 A를 사기혐의로 소환했는데, A의 처가 배달 사고로 다리를 다쳐 A는 경찰에게 출석 일자의 연기를 요청했다. 그런데 경찰이 난데없이 A가 소환에 불응했다며 A를 체포하였고, 검사는 법원에 구속영장을 청구하였다.

1. A가 구속을 면하려면 어떻게 해야 할까?

2. 판사가 영장실질심사를 거쳐 구속영장을 발부하였다면, 구속에서 풀려나오기 위해 A나 그 처가 취할 수 있는 구제조치는 무엇이 있을까?

A는 변호인의 도움을 받아 영장실질심사에서 사기혐의가 근거 없다며 혐의를 벗을 수 있는 자료를 제출하고, 특히 주거가 일정하고 자신에게 부양가족이 있으며 처가 다쳐 A가 분식집을 운영해야 하므로, 도망갈 우려가 없고 증거도 없앨 염려가 없다는 것을 밝히는 데 주력해야 할 것이다. 처의 병원진단서, 분식점 운영을 확인할 수 있는 서류나 사업자등록증 등이 중요한 참고자료가 될 것이다.

A에 대하여 판사가 구속영장을 발부하였다면, 마지막으로 해볼 수 있는 조치는 구속적부심사를 청구하는 것이다. 일단 구속영장이 발부되어 구속된 피의자가 구속적부심사에서 석방될 가능성이 일반적으로는 높지 않지만, 일말의 기대를 놓치고 싶지 않다면 A가 취할 수 있는 거의 유일한 구제수단이라 할 수 있다.

참고 구속적부심사와 보석

구속영장이 발부되면 피의자나 가족들은 변호사에게 피의자가 풀려날 수 있도록 '보석'을 청구해달라고 하는 경우가 많다. 피의자가 아직 경찰이나 검찰에서 수사를 받고 있는 상태로 구속되었다면, 석방을 위한 구제수단은 보석이 아니라 구속적부심사이다. 그와 달리 검사가 이미 수사를 마치고 구속된 피의자를 법원에 기소한 상태라면, 그때 석방을 위한 구제수단이 보석이다. 둘 다 구속된 자를 석방하기 위한 수단이고, 보증금을 납입하는 조건을 붙여 석방할 수 있는 점에서는 같고(보석의 경우에는 보증금 납입 조건 외에 출석보증, 주거제한 등 적당한 여러 조건을 붙여 석방할 수 있다), 다만 기소되기 전에는 구속적부심사를 청구하고 기소된 후에는 보석을 청구하는 차이가 있다.

구속의 집행정지

구속된 피의자에게 상당한 이유가 있을 때는 검사나 경찰에 신청하여 구속의 집행을 정지하게 할 수 있다. 예를 들어 피고인이 질병으로 생명이 아주 위독한 경우나, 임신 5개월 이상인 경우, 연령이 70세 이상으로 장기간 구금생활을 하기 어려운 경우, 직계존속(부모, 조부모)이 사망한 경우, 중요한 시험 등 기타 중대한 사유가 있는 경우이다. 이미 재판을 받고 있는 피고인이라면 이러한 구속의 집행정지를 법원에 신청하여야 한다. 구속의 집행을 정지할 상당한 이유가 있다 하더라도, 구속의 집행정지 신청을 전부 받아들이는 것이 아니라 이를 결정하는 기관의 재량에 달려 있어 형평성 논란이 많이 생기는 것이 사실이다.

3.
출국금지

출국금지란?

출국금지란 국내에 머물고 있는 국민이나 외국인이 국경 밖으로 나가는 것을 금지하는 법무부장관의 결정이다. 피의자가 배나 비행기를 타고 외국으로 나가려면 반드시 출입국관리사무소를 거쳐야 하는데, 출국금지 결정이 있으면 출입국관리사무소가 배나 비행기에 오르지 못하도록 한다. 출국금지 사유는 「출입국관리법」과 「출국금지업무처리규칙」이 자세히 규정하고 있는데, 요약하면 다음과 같다.

출국금지 사유

① 범죄혐의로 수사를 받고 있거나 그 소재를 알 수 없어 기소중지 결정이 된 사람

② 형사재판이 진행 중에 있는 사람

③ 징역형 또는 금고형의 집행이 종료되지 않은 사람

④ 1000만 원 이상의 벌금 또는 2000만 원 이상의 추징금을 납부하지 않은 사람

⑤ 5000만 원 이상의 국세, 관세 또는 지방세를 정당한 이유 없이 납부하지 않은 사람

⑥ 2억 원 이상의 국세를 포탈한 혐의 또는 20억 원 이상의 허위 세금계산서를 발행한 혐의로 세무조사를 받고 있는 사람

⑦ 병역의무를 이행하지 않은 사람

⑧ 기타

출국금지 사유에 해당한다 하여 무조건 출국금지 결정이 나는 것은 아니다. 위법행위의 내용, 동기, 결과, 출국금지에 의하여 얻으려고 하는 공익적 목적 등을 고려하여 '필요한 최소한의 범위'에서 출국금지를 결정하여야 한다. 예를 들어 12억 원의 지방세를 납부하지 않은 사람이 자신에 대한 출국금지 결정이 부당하다며 이를 취소해달라고 한 사안에서, 법원은 지방세가 체납된 경위, 원고가 해외 관련 업무를 하고 있다는 점, 재산을 해외에 도피한 사실이 없는 점 등 여러 사정을 고려할 때 출국금지 결정이 지나치게 가혹하다며 이를 취소한다고 판결한 사례가 있다(서울행정법원 2005. 5. 19. 선고 2004구합32210 판결).

법무부장관은 출국금지를 결정하거나 출국금지 기간을 연

장할 때 출국금지 사실과 기간, 사유 등을 출국금지 대상자에게 서면으로 통지해야 한다. 그런데 「출입국관리법」은 예외적으로 ① 대한민국의 안전 또는 공공의 이익에 중대한 위해를 미칠 우려가 있거나 ② 범죄수사에 중대한 장애가 생길 우려가 있다고 인정하는 경우 또는 ③ 출국이 금지된 자의 소재를 알 수 없는 경우에는 통지하지 않을 수 있다고 규정하고 있다. 이에 대하여 출국금지가 헌법으로 명문화된 개인의 거주이전의 자유를 제한하는 처분이므로, 당사자의 소재를 알 수 없는 경우를 제외하고는 출국금지 사실을 통지해야 한다는 비판이 강하게 제기되고 있다.

출국금지 기간은 출국금지 사유에 따라 다른데, 범죄수사를 위한 경우에는 1개월을, 기소중지나 피의자가 도주한 경우에는 3개월을 넘을 수 없고, 나머지 사유는 6개월을 넘을 수 없다. 그러나 법무부장관이 횟수 제한 없이 출국금지 기간을 연장할 수 있으므로 사실상 출국금지 기간에 제한이 없는 셈이다.

더 이상 출국을 금지할 사유가 없어졌다면 법무부장관은 바로 출국금지를 해제하고, 해제사실을 당사자에게 통지해주어야 한다.

구제수단

출국금지 결정을 받은 경우, 이에 대하여 다투는 방법에는 이의신청과 소송이 있다.

이의신청은 출국금지 통지 또는 출국금지 기간의 연장 통지를 받은 날 또는 그 사실을 안 날부터 10일 이내에 법무부장관에게 재고를 요청하는 것이다. 물론 이 같은 이의신청을 거치지 않고 출국금지 결정이 위법, 부당하다는 이유로 바로 법원에 출국금지 결정의 취소를 구하는 소송을 제기할 수도 있다.

실전 팁

Q. 경찰이 전화로만 소환을 하고 별도로 서면 통지를 하지 않았다. 전화 소환에 불응한 경우에도 체포영장이 발부되나?

A. 수사기관은 전화로도 출석요구를 할 수 있기 때문에, 이를 불응한 경우에도 체포영장이 발부될 수 있다. 부득이한 사유로 경찰이 당초 출석을 요구한 날짜에 출석할 수 없으면, 서면으로 그 사유와 관련 자료를 첨부하여 경찰에 제출하는 것이 좋다. 전화로 연기를 요청할 수 있지만 증거가 남지 않기 때문에, 나중에 경찰이 소환에 불응하였다고 할 경우 보호받지 못할 수 있다.

Q. 주변에서 경찰 소환에 세 번 불응해야 체포영장이 발부된다고 하던데, 사실인가?

A. 몇 회 불응해야 체포영장이 발부된다는 규정은 없다. 소환

에 단 한 번 불응했더라도 정당한 불응 사유가 없다면 체포영장이 발부될 수도 있다. 경찰이 출석 통지를 할 때 가능한 일정을 경찰과 조정해보고, 만약 약속한 날에 출석하기 어려우면 서면으로 그 사유와 관련 자료를 첨부하여 경찰에 제출하는 것이 좋다.

Q. 집에서 체포되었다. 경찰차 안에서 친구의 도움을 받기 위해 들고 있던 휴대전화로 전화를 하려고 했는데 경찰이 못 하게 했다. 체포되면 외부에 전화를 할 수 없나?

A. 유치장에 들어가기 전까지 휴대전화를 사용할 수 있다. 경찰이 수사에 방해가 된다고 전화 사용을 못 하게 할 수 있는데, 변호사의 도움이 필요한 경우 수사관에게 전화 사용을 요청한다.

Q. 체포 통지가 가족에게 가지 않을 수 있도록 요청할 수 있나?

A. 「형사소송법」은 피의자를 체포하거나 구속한 때는 서면으로, 변호인이 있는 경우에는 변호인에게, 변호인이 없는 경우에는 피의자의 법정대리인, 배우자, 직계친족(부모나 자녀), 형제자매 중 피의자가 지정한 자에게 24시간 내에 체포의 통지(피의사건명, 체포 일시, 장소, 범죄사실의 요지, 구속의 이유와 변호인을 선임할 수 있다는 취지)를 해야 한다고 규정하고 있다. 즉 체포 통지는

경찰과 검찰의 의무사항이므로 생략할 수 없다. 다만 피의자
는 가족 중에서 체포 통지를 받을 자를 지정할 수 있다.

Q. 경찰서 유치장에서 샤워를 하고 싶으면 어떻게 해야 하나?
A. 유치장의 질서를 해하지 않는 한 필요한 경우에는 목욕을
할 수 있다. 경찰청 훈령인 「피의자 유치 및 호송규칙」에도 유
치인의 목욕을 인정하고 있다.

Q. 경찰이 피의자신문조서를 모두 작성한 후에도 검찰의 지
휘를 받아야 한다며 집에 보내주지 않았다. 그래서 48시간을
다 채웠다. 위법한 신체의 자유 구속이 아닌가?
A. 경찰이 체포한 후 신문조서 작성 등 조사를 마쳤으면 신속
하게 영장 신청 여부를 결정해야 한다. 만약 피의자를 계속
구금할 필요가 없으면 즉시 석방하고, 영장을 신청할 필요가
있으면 즉시 영장을 검사에게 신청하고 검사도 즉시 영장을
법원에 청구해야 한다. 체포한 피의자에 대하여 체포한 때부
터 48시간 이내에 구속영장을 청구하지 아니한 때는 즉시 석
방하여야 한다고 규정한 「형사소송법」 제200조의2 제5항이나
제200조의4 제2항은 구속할 필요가 없는 피의자를 48시간까
지 구금하고 있어도 좋다는 규정이 아니다. 또 비록 현행범에
대한 규정이기는 하지만, 경찰청 훈령인 「범죄수사규칙」 제83
조는 '현행범인을 체포하거나 이를 인수하였을 때는 지체 없

이 조사하고 계속 구금할 필요가 없다고 인정할 때는 소속 경찰관서장의 지휘를 받아 즉시 석방하여야 한다'고만 규정하고 있으므로, 검사의 지휘 없이도 경찰이 석방할 수 있다.

제3장

압수·수색이나 감청 등을
당했을 때

1.
압수 · 수색영장

수사기관은 증거물을 어떻게 확보할까?

하나는 증거물의 소유자나 소지자의 동의를 얻어 증거물을 받는 것이다. 소유자 등의 동의를 전제로 하는 것이므로 수사기관이 제출을 요구해도 반드시 응할 의무는 없다. 자신에게 불리한 물건이나 사건과 무관하다고 생각되는 물건은 제출하지 않아도 되는 것이다. 예전에 검찰이 문화방송(MBC)에 〈피디수첩〉 광우병 보도 원본 테이프를 제출해달라고 요청했지만, 문화방송은 이를 언론탄압으로 보고 임의제출을 거부한 사례가 있다. 이처럼 증거물의 소유자 등이 임의로 제출하는 것이므로 이를 임의제출이라고 부르는데, 증거물 확보에 관한 임의수사라 할 수 있다.

다른 하나는 소유자나 소지자의 동의를 구하지 않은 채 강제로 증거물을 확보하는 방법이 있다. 그 대표적 방법이 '압수'

와 '수색'이다. 압수란 수사기관이 증거물이나 몰수가 예상되는 물건을 소유자 등의 의사에 반하여 강제로 가져가는 것이고, 수색은 수사기관이 압수할 물건이나 피의자 또는 피고인을 발견하기 위하여 사람의 신체·물건·주거 기타 장소를 뒤지는 것이다. 소유자 등의 의사에 따르지 않고 공권력이 강제로 증거물을 확보하는 것이기 때문에 압수와 수색은 임의수사가 아니라 강제수사의 일종이다. 이처럼 소유자 등의 의사에 반하여 증거물을 압수하거나 수색하는 것이므로 헌법 제12조 제3항은 "체포·구속·압수 또는 수색을 할 때는 적법한 절차에 따라 검사의 신청에 의하여 법관이 발부한 영장을 제시하여야 한다"고 규정하고 있다. 곧 피의자의 범죄에 관하여 수사기관이 증거물을 강제로 확보하려면 원칙적으로 영장을 발부받아야 하는 것이다. 그러한 영장을 압수·수색영장이라 한다. 압수와 수색은 보통 함께 행해지므로 압수영장과 수색영장을 따로 청구하거나 따로 발부하지 않고 압수·수색영장이라는 하나의 영장을 사용하고 있다.

이명박 정부 출범 이후 그 전에 한동안 없었던 시민사회단체들에 대한 압수와 수색이 빈번하게 이루어졌다. 대표적으로는 미국산 쇠고기 수입을 반대하는 촛불집회를 주도한 혐의로 '광우병 위험 미국산 쇠고기 전면 수입을 반대하는 국민대책회의'가 있는 참여연대 사무실 등을 압수·수색한 사례가 있다. 그리고 이메일이나 문자 등 전자정보를 압수하기 위하여 인터넷 포털사이트나 단체가 보유한 서버에 대한 압수·수색도 빈번하게 이루어졌다. 한 예로 2008년 8월에는 모 유명 포털사이트에 '쥐박이' '대운하' '조중동' 등의 단어가 들어간 댓글을 단 네티즌들의 신상명세를 경찰이 압수·수색한 일이 있기도 했다.

체포나 구속이 신체의 자유를 침해하기 때문에 강제수사 수단 중에서도 가장 강력한 수단이기는 하나, 압수나 수색으로 인해 사생활의 비밀이나 생활의 평온 등이 침해되고 컴퓨터나 집기 등 물건이 압수되면 개인의 활동이나 영업이 제약되는 바람에 재산적 피해도 발생할 수 있으므로, 압수나 수색도 체포나 구속에 못지않은 대단히 강력한 강제수사의 일종이다. 이처럼 압수·수색은 프라이버시 등 개인의 인권에 미치는 영향이 크므로 수사에 필요한 최소한의 범위 안에서 이루어져야 하는 것은 두말할 필요가 없다.

압수나 수색을 위한 영장에는 그 대상이 되는 사람, 그 사람의 범죄, 수색할 장소, 압수할 물건, 영장의 유효기간, 압수·수색의 사유를 명확하고 구체적으로 기재하여야 한다. 특히 수사기관의 권한 남용을 방지하고 국민의 신체 및 주거의 안정성을 보장하기 위하여, 압수할 물건은 구체적·개별적으로 표시하고 수색할 장소 역시 지역적으로 특정하여야 한다. 그와 달리 압수·수색 대상인 물건과 장소가 구체적으로 명확하게 기재되지 않고 불분명하고 포괄적으로 기재되어 있는 영장을 '일반영장'이라고 하는데, 이는 수사기관으로 하여금 마음대로 압수와 수색을 할 수 있게 하여 위법한 것으로 무효이다.

예를 들면 수색할 장소로 지번에 의한 지역적 표시도 없이 'A단체 사무실'이라고만 하면 장소가 특정되지 않아 위법한 영장이다. 그리고 한 건물 안에 여러 세대가 살거나 여러 사무실이 있는 경우 그 주거와 사무실의 층, 호실, 사무실 명칭, 아파트 거주자 등을 기재하여 주거와 사무실을 특정하여야 하고, 동일한 장소에 압수할 물건과 유사한 물건이 여러 개 있을 때는 압수할 물건이 특정되도록 기재해야 한다.

검사가 구속영장을 청구하였을 때는 영장 발부 이전에 영장실질심사를 통해 피의자가 구속의 사유가 없음을 판사에게 변명할 기회라도 있지만, 압수·수색영장을 청구하였을 때는 영장 발부 이전에 피의자나 압수·수색할 대상에 관계된 자가 압수·수색영장이 청구된 사실을 알 수도 없고, 영장 발부가 필요치 않다고 변명할 기회도 없다. 또 구속영장이 발부된 경우 구속영장이 위법하게 발부되었거나 부당하다면 구속적부심사를 청구하여 그 영장을 취소할 수 있는 기회라도 있지만, 압수·수색영장이 발부된 경우에는 압수·수색영장이 위법하게 발부되었거나 부당하더라도 한 번 발부된 영장을 취소할 수 있는 기회가 없다.

이러한 제도의 맹점을 개선해야 할 필요가 있고, 개선책이 만들어지기 전이라도, 법원은 검찰의 무분별한 압수·수색영장 청구를 곧이곧대로 받아들이는 관행을 타파하는 것은 물론, 좀 더 엄격한 기준에 따라 심사하고, 압수·수색영장의 발부에 더 세심한 주의를 기울여야 할 것이다.

2.
압수·수색영장의 집행

압수·수색영장의 집행은 집행할 장소에 수사기관이 나타나 영장을 제시하며 압수·수색을 실시할 것을 고지하면서 시작한다. 수사기관은 압수·수색영장을 집행할 때 반드시 영장을 먼저 보여주어야 한다. 영장 없이 압수하거나 수색하는 것을 방지하고 영장에 기재된 물건이나 장소, 신체에 대해서만 압수나 수색을 하도록 하기 위해서이다. 영장은 집행 전에 보여주어야 적법한 집행이므로, 나중에 영장을 보여주겠다고 하며 영장을 집행한 것은 위법한 집행에 해당한다.

시간적인 제약도 있다. 일출 전과 일몰 후 사이의 야간에 영장을 집행하려면 반드시 압수·수색영장에 야간집행을 허용하는 문구가 기재되어 있어야 한다. 만약 검찰이 제시한 영장에 야간에 압수·수색을 할 수 있다는 내용이 별도로 기재되어 있지 않다면 야간 압수·수색은 위법하다. 단 도박 또는 기타 풍속을 해하는 행위로 이용되는 장소나 여관이나 음식점, 기타 야간에 여러 사람이 출입할 수 있는 공개된 장소의 경우에는 이런 시간제한이 없다.

압수·수색의 당사자나 그 변호인은 압수·수색영장의 집행에 참여할 수 있는가? 물론이다. 「형사소송법」은 압수·수색을 당하는 당사자와 변호인이 압수·수색영장의 집행에 참여할 수 있고, 수사기관은 압수·수색영장을 집행할 때 당사자와 변호인에게 미리 집행 날짜와 장소를 통지하여야 한다고 규정하고 있다. 물론 피고인이나 변호인이 참여하지 않겠다고 사전에 이야기했거나 증거를 감출 것이 예상되어 긴급하게 진행할 필요가 있는 경우에는 예외적으로 통지를 안 할 수 있다. 하지만 이 예외를 폭넓게 해석하면 당초 압수·수색을 당하는 당사자의 참여권을 부당하게 제한하게 되므로 예외는 아주 엄격하게 해석해야 한다. 만약 변호인이 참여를 요청했는데도 수사기관이 이를 받아들이지 않거나 미리 변호인이 선임되어 있는데도 변호인에게 통지하지 않고 압수·수색을 진행하게 되면 위법한 압수·수색에 해당한다.

수사기관은 압수·수색영장을 집행할 때 타인의 비밀을 준수하고 처분을 받은 자의 명예가 훼손되지 않도록 최대한 주의를 기울어야 하며, 특히 여자의 신체를 수색할 때는 강제추행 등의 불미스러운 일을 예방하기 위하여 성년의 여자가 참여하여야 한다. 수사기관은 물건을 압수한 후 그 현장에서 압수목록을 작성하여 압수당한 소유자나 소지자 또는 보관자에게 주어야 한다. 물건을 압수당한 소유자나 소지자는 나중에 압수물 반환요청을 할 때 필요하므로 압수목록을 꼭 받아놓아야 한다. 본인의 것이 아니거나 자신도 모르는 물건이 압수목록에 적혀 있다면, 본인의 것이 아니라거나 모르는 물건이라는 의사를 기재해달라고 요청해야 한다. 나중에 재판을 할 때 본인의 것도 아니고 모르는 물건인데도 자신의 집 등에서 압수되었다는 이유로 자신에게 불리한 증거로 사용될 수 있기 때문이다.

3.
압수·수색영장의 예외

긴급체포나 현행범체포와 같이 체포영장 없이도 사람을 체포할 수 있는 것처럼, 압수·수색도 압수·수색영장 없이 할 수 있는 경우가 있다. 압수·수색에서 영장주의의 예외이다.

「형사소송법」은 영장주의와 관련해 영장 없이 압수·수색할 수 있는 몇 가지 예외를 두고 있다.

① 체포·구속 목적의 피의자 수사

체포영장에 의한 체포나 긴급체포 또는 현행범체포 등 피의자를 체포하거나 구속영장에 의하여 피의자를 구속할 때, 필요하면 영장 없이 타인의 주거나 타인이 간수하는 가옥·차량 등에서 피의자 수사를 할 수 있다. 여기서 피의자 수사란 피의자가 타인의 가옥이나 차량에 숨어 있을 개연성이 있어, 피의자를 체포나 구속하기 전에 피의자를 발견하기 위하여 피의자가 있을 것으로 예상되는 장소를 뒤지는 행위를 말한다.

② 체포현장에서의 압수·수색

체포영장에 의한 체포나 긴급체포 또는 현행범체포 등 피의자를 체포하거나 구속영장에 의하여 피의자를 구속할 때, 필요하면 영장 없이 체포나 구속하는 현장에서 피의자에 대하여 압수나 수색도 할 수 있다. 체포현장에서 피의자에 대하여 압수나 수색을 할 수 있다는 이유로 체포 당시 현장과 관련성이 없는데도 이를 빌미로 아무 때나 그리고 아무 장소에서나 압수·수색을 할 수 있으므로, 체포 당시 현장과 아주 밀접한 경우에만 허용되어야 한다. 다시 말해 체포나 구속이 시작되기 한참 전이나 한참 후에는 할 수 없고, 압수나 수색을 할 수 있는 범위도 체포나 구속하려는 피의자의 신체 등 밀접한 연관이 인정되는 범위에만 국한되어야 한다. 피의자를 체포하러 사무실에 갔으나 이미 도망간 경우에는 체포 장소가 아니므로 사무실을 압수·수색할 수 없다. 이러한 체포현장에서의 압수·수색을 하여 압수한 물건을 계속 압수하려면 피의자를 체포한 때부터 48시간 이내에 압수·수색영장을 청구하여야 한다.

③ 범죄 장소에서의 긴급압수·수색

범행 중이거나 범행 직후의 범죄 장소에서 긴급한 필요 때문에 법원 판사의 영장을 받을 수 없는 때도 긴급체포와 유사하게 영장 없이 압수나 수색을 할 수 있다. 이러한 긴급압수·수색도 긴급체포와 마찬가지로 지체 없이 사후에 압수·수색영장을 발부받아야 한다.

④ 긴급체포 시 압수·수색

긴급체포된 피의자가 소유하거나 소지 또는 보관한 물건에 대하여 긴급체포한 때부터 24시간 이내에 영장 없이 압수나 수색을 할 수 있다. 그리고 체포현장에서의 압수·수색과 마찬가지로 긴급체포 시 압수·수색을 하여 압수한 물건을 계속 압수하려면 피의자를 체포한 때부터 48시간 이내에 압수·수색영장을 청구하여야 한다.

한편 수사기관은 임의로 제출된 물건도 영장 없이 압수할 수 있다. 임의로 제출하였다고 하여 언제든지 반환받을 수 있는 것이 아니고, 수사기관이 압수를 했다면 아래 '6. 압수물의 처리와 돌려받기'에서 살펴볼 압수 물건 돌려받기 절차를 밟아야 한다. 따라서 선뜻 경찰에게 어떤 물건을 주는 것을 신중하게 생각하고 삼가야 한다.

4.
위법수집증거 배제법칙

만약 압수·수색영장이 위법하게 발부되었고 이러한 영장을 사용하여 수사기관이 압수·수색을 하였다면, 압수한 물건을 재판에서 증거로 사용할 수 있을까? 또 압수·수색영장 자체는 적법하게 발부되었다 하더라도 수사기관이 영장주의나 「형사소송법」에서 정한 절차를 위반하고 물건을 압수해간 경우, 그 압수물을 재판에서 증거로 사용할 수 있을까?

수단과 방법을 가리지 말고 수사해야 한다는 입장에서는 이러한 물건을 증거로 사용할 수 있다고 주장할 수 있을 것이다. 그러나 영장주의를 위반한 압수와 수색은 재산권과 프라이버시 등 기본권을 침해한 위법한 공무집행이므로, 이런 일이 일어나지 않도록 위법하게 수집된 증거는 처음부터 증거로 사용할 수 없게 만들어야 한다. 이러한 원칙을 '위법수집증거 배제법칙'이라 한다.

앞에서 설명한 것처럼 현행 「형사소송법」상 압수·수색영장 발부 전에 영장의 발부를 막기 위한 절차도 없고 일단 발부된 압수·수색영장을 취소할 수 있는 절차도 없으므로, 압수·수색영장이 적법하게 발부되지 않았거나 일단 영장이 적법하게 발부되었다 하더라도 수사기관이 위법하게 집행하였다면, 위법한 압수·수색영장의 집행으로 인해 수사기관이 확보한 압수물을 재판 과정에서 증거로 사용하지 못하도록 하는 것이 위법한 압수·수색영장의 집행에 대한 유일한 견제수단이자 제재수단이다.

그동안 법원은 압수 절차가 위법하더라도 증거로 사용할 수 있다고 판단해왔다. 즉 수사기관이 압수영장 없이 피의자의 집에서 배임의 증거가 될 비밀장부를 가져가 영장주의를 위반하였다고 하더라도 비밀장부를 배임죄의 증거로 사용할 수 있다고 보았다. 이 때문에 수사를 위해 필요하다면 영장주의를 위반해도 무방하다는 인식이 어느 정도 깔려 있었다.

그런데 근래에 대법원이 입장을 변경하여 위법수집증거 배제법칙을 적극적으로 인정하기 시작하였다. 검사가 피고인의 유죄를 입증하는 중요한 증거물을 압수하였는데, 이 서류가 영장에 압수할 물건으로 적혀 있지 않았고, 영장 제시와 집행에 관한 사전 통지가 없었으며, 압수목록을 작성하여 교부하지도 않은 사안에 대해 대법원은 헌법과 「형사소송법」이 정한 절차에 따르지 않고 수집된 증거는 기본적 인권보장을 위해 마련된 적법한 절차에 따르지 않은 것으로서 원칙적으로 유죄 인정의 증거로 삼을 수 없다고 판단했다(대법원 2007. 11. 15. 선고 2007도3061 판결). 2007년 6월에 개정된 「형사소송법」도 영장주의를 무시하는 관행을 사전에 막기 위하여 위법하게 수집된 증거는 증거로 사용할 수 없다고 천명하였다.

사례 1

검찰은 최근 미신고집회를 주도한다는 혐의를 받고 있는 A단체가 임시로 들어가 있는 〈차며 연다〉 건물을 압수·수색하기로 하였다. 검찰은 압수·수색의 시기나 방법에 대해 고민한 끝에 A단체의 회원들이 사무실을 비운 야간에 압수·수색하기로 하였다. A단체뿐 아니라 여러 단체가 함께 사용하고 있는 〈차며 연다〉 건물 전체에 대한 압수·수색영장을 법원으로부터 발부받은 검찰 수사관은 어느 날 야간에 위 건물을 급습하여 압수·수색을 진행하려 하였다. A단체 회원 한 명이 영장을 보여달라고 요구하며 A단체의 변호인이 올 때까지 기다려달라고 요구했지만, 검찰 수사관은 영장은 확실히 발부받았으니 나중에 보여줄 것이고 변호인이 올 때까지 기다릴 수 없다며, A단체 회원의 요구를 무시하고 그대로 압수·수색을 실시했다. 검찰의 압수·수색은 적법한가? 만약 위와 같이 압수·수색하여 확보한 자료를 재판의 증거물로 사용할 수 있을 것인가?

우선 〈차며 연다〉 건물은 여러 단체가 사용하고 있다. A단체가 빌려서 사용하는 장소를 특정하지 않고 사무실이 있는 건물 전체를 수색 장소로 지정하여 영장을 발부하였다면, 이는 일반영장에 해당하는 것으로 압수·수색영장 자체가 위법하다.

또 A단체에 남아 있던 회원이 검찰 수사관에게 변호인이 현장에 올 때까지 기다려달라고 요청하였으므로 검찰 수사관은 변호인이 올 때까지 기다려야 함에도 불구하고, 이를 무시하고 압수·수색을 강행하였으므로 압수·수색영장의 집행도 위법하다. 그뿐만 아니라 압수·수색영장을 발부받았다면 영장을 집행할 때 압수·수색영장을 당사자에게 제시하여야 하는데, 이를 위반하였으므로 이 역시 위법한 압수·수색이다.

따라서 〈차며 연다〉 사무실에서 압수한 물건은 위법한 압수·수색 절차로 수집한 것이므로 이후 재판 절차에서 증거로 사용할 수 없다.

5.
전자정보(디지털매체정보)에 대한 압수·수색

물건에 대한 압수·수색도 있지만, 요즘에는 컴퓨터나 노트북, 휴대전화 등 휴대용 저장장치나 서버와 같이 전자정보를 기록하고 저장하는 매체에 대한 압수·수색이 빈번하게 이루어지고 있다. 이들 매체에 대한 압수·수색은 수사기관이 저장매체 자체보다는 저장매체에 기록되고 저장된 정보를 확보하는 것을 목적으로 하는 것이 일반적이다.

이러한 디지털저장매체에는 범죄혐의와 관련된 정보도 있을 수 있지만, 그 외의 정보도 많이 포함되어 있을 수 있기 때문에 수사기관이 당초 압수·수색의 사유가 되는 범죄혐의와 관련이 없는 정보도 쉽게 취득해서 신상털기를 할 소지가 매우 크다. 영장 발부를 이유로 수사기관이 휴대전화나 노트북의 하드디스크를 그대로 가져가거나 저장되어 있는 정보를 모두 복사해서 가져간다면, 사적인 통화 내용이나 문자메시지(SMS), 사진들까지 모두 유출되어 사생활의 비밀과 자유가 심각하게 침해될 수 있기 때문이다.

아래에서는 구체적인 사례를 중심으로 디지털매체에 대한 압수·수색 과정에서 발생하는 인권침해를 막을 수 있는 방안을 알아본다.

압수·수색 방법의 제한

휴대전화나 컴퓨터, 노트북 등은 일상적으로 사용되는 물건이기 때문에 이러한 저장매체가 압수될 경우 개인생활이나 업무에 과도한 지장을 초래하게 된다.

과거 물건의 압수·수색을 중심으로 규정되어 있던 법률이 미처 예상치 못했던 문제를 해결하기 위해, 2011년 7월 18일 「형사소송법」이 개정되어 전자정보를 압수·수색하기 위해서는 서버나 하드디스크, 컴퓨터 자체를 압수하는 것이 아니라 그 안에 들어 있는 정보 중 필요한 부분을 출력하거나 복제하여 가져가는 것을 원칙으로 하도록 하고 있다.

「형사소송법」 제106조(압수)

③ 법원은 압수의 목적물이 컴퓨터용 디스크, 그 밖에 이와 비슷한 정보저장매체(이하 이 항에서 "정보저장매체 등"이라 한다)인 경우에는 기억된 정보의 범위를 정하여 출력하거나 복제하여 제출받아야 한다. 다만 범위를 정하여

출력 또는 복제하는 방법이 불가능하거나 압수의 목적을 달성하기에 현저히 곤란하다고 인정되는 때는 정보저장매체 등을 압수할 수 있다.

④ 법원은 제3항에 따라 정보를 제공받은 경우 「개인정보보호법」 제2조 제3호에 따른 정보주체에게 해당 사실을 지체 없이 알려야 한다.

대법원 판례 또한 전자정보를 압수하는 경우에는 파일을 복사하거나 출력물을 통해 압수하여야 하고, 예외적으로 저장매체 원본을 압수하기 위해서는 ① 영장에 원본을 압수할 수 있다는 내용이 기재되어 있고 ② 압수현장에서 해당 정보를 출력하거나 복제할 수 없는 사유가 발생하였음이 인정되어야 한다면서 예외의 인정을 엄격하게 한정하고 있다.

"전자정보에 대한 압수·수색영장을 집행할 때는 원칙적으로 영장 발부의 사유인 혐의사실과 관련된 부분만을 문서 출력물로 수집하거나 수사기관이 휴대한 저장매체에 해당 파일을 복사하는 방식으로 이루어져야 하고, 집행현장 사정상 위와 같은 방식에 의한 집행이 불가능하거나 현저히 곤란한 부득이한 사정이 존재하더라도 저장매체 자체를 직접 혹은 하드카피나 이미징 등 형태로 수사기관 사무실 등 외부로 반출하여 해당 파일을 압수·수색할 수 있도록 영장에 기재되어 있고 실제 그와 같은 사정이 발생한 때에 한하여 위 방법이 예외적으로 허용될 수 있을 뿐이다"(대법원 2011. 5. 26.자 2009모1190 결정).

사례 2

서울지방경찰청 보안수사대는 대학생 나민주 씨에 대한 압수·수색영장을 발부받아 휴대전화와 컴퓨터 하드디스크를 압수하려고 한다. 압수·수색 영장에는 '정보를 출력하거나 복제하여 압수'하도록 기재되어 있지만, 경찰은 '정보가 너무 많아 시간이 많이 걸리기 때문에 원본을 압수해야 한다'면서 원본을 압수하겠다고 하고 있다. 적법한 압수·수색일까?

사례 2 해설

위법한 압수·수색이다. 전자정보의 압수는 원칙적으로 출력물이나 복사본을 통해 이루어져야 한다. 판례가 인정하는 예외 사유에 해당하지 않음에도 원본이 압수된 경우에는 '위법하게 수집된 증거'에 해당되어 이후 재판 과정에서 증거능력이 인정될 수 없다.

압수·수색 범위의 제한

전자정보의 경우에도 물건에 대한 압수·수색과 마찬가지로 범죄혐의와 관련된 부분에 한하여 압수할 수 있다. 특히 전자정보는 하나의 저장매체에 다량의 정보가 저장되어 있기 때문에 개인정보 유출의 위험이 더욱 크다.

수사기관의 경우에는 수사의 편의나 시간적 제약을 이유로 저장매체(컴퓨터 하드디스크나 외장하드, usb 등)를 일괄적으로 모두 이미징하려는 경우가 많기 때문에 이에 대한 당사자의 대응이 더욱 중요하다. 즉 수사기관이 현장에서 포렌식 장비*를 통해 디지털저장매체를 분석·복제하는 경우, 절차에 참여해서 범죄 혐의와 무관함을 소명하여야 한다.

「형사소송법」 제106조(압수)

① 법원은 필요한 때는 피고사건과 관계가 있다고 인정할 수 있는 것에 한정하여 증거물 또는 몰수할 것으로 사료하는 물건을 압수할 수 있다.

② 법원은 압수할 물건을 지정하여 소유자, 소지자 또는 보관자에게 제출을 명할 수 있다.

「디지털증거 수집 및 분석 규정」(대검 예규)

제6조(과잉 압수·수색·검증금지)

디지털기기를 압수·수색·검증하거나 디지털자료를 수집·분석할 때는 수사에 필요한 최소한의 범위에서 실시하고 전 과정에서 적법절차를 엄격히 준수하여야 한다.

대법원은 디지털저장정보의 압수 과정에서 범죄혐의와의 관련성이 엄격히 준수되어야 하며, 정보의 이미징 및 정보검색 과정에서도 변호인의 참여권이 준수되어야 하고, 이를 위반한 경우에는 영장주의에 위반되는 위법한 수사임을 분명히 하고 있다. 즉 대법원은 "전자정보에 대한 압수·수색영장을 집행

---

* 컴퓨터 등 디지털저장정보 분석도구이다. 이를 통해 기존에 저장된 정보뿐만 아니라 삭제된 정보도 분석할 수 있다.

할 때는 원칙적으로 영장 발부의 사유인 혐의사실과 관련된 부분만을 문서 출력물로 수집하거나 수사기관이 휴대한 저장매체에 해당 파일을 복사하는 방식으로 이루어져야 (중략) 그러한 경우 문서출력 또는 파일복사 대상 역시 혐의사실과 관련된 부분으로 한정되어야 하는 것은 헌법 제12조 제1항, 제3항, 「형사소송법」 제114조, 제215조의 적법절차 및 영장주의 원칙상 당연하다. 그러므로 수사기관 사무실 등으로 옮긴 저장매체에서 범죄혐의 관련성에 대한 구분 없이 저장된 전자정보 중 임의로 문서출력 혹은 파일복사를 하는 행위는 특별한 사정이 없는 한 영장주의 등 원칙에 반하는 위법한 집행이다"라고 판시하고 있다 (대법원 2011. 5. 26.자 2009모1190 결정).

> **사례 3**
>
> 경찰은 나민주 씨의 항의로 휴대전화와 노트북 자체를 압수하는 것이 불가능해지자, 이번에는 휴대전화와 노트북에 저장되어 있는 정보를 통째로 이미징하려고 한다. 그리고 나민주 씨가 2012년까지 사용했던 휴대전화와 구형 데스크톱 컴퓨터를 발견한 경찰은 모두 압수하겠다고 하고 있다.
> 경찰이 압수·수색을 개시하면서 제시한 영장에 의하면, 나민주 씨에 대한 혐의사실은 '대학생촛불연대의 대표인 피의자 나민주가 세월호사건의 진상규명을 요구하면서 촛불시위를 주동, 국가전복을 기도'하였다는 것이다.
> 적법한 압수·수색일까?

사례 3 해설

위법한 압수·수색이다.

압수·수색은 범죄혐의와 관련된 범위에서 최소한으로 이루어져야 한다. 나민주 씨에 대한 범죄혐의는 2014년에 진행된 촛불집회와 관련된 것이기 때문에 이에 관한 정보만을 압수해야 한다. 특히 2012년경에 사용한 휴대전화와 컴퓨터에 대한 압수는 범죄혐의와 무관함이 명백하다. 범죄혐의와 무관한 정보를 압수하는 것은 위법한 수사이고, 해당 증거는 증거능력이 인정될 수 없다.

관련 문제 – 재판 절차에서 전자정보의 증거능력 문제

앞서 살펴본 바와 같이 수사기관은 압수·수색 전반에 걸쳐서 헌법과 「형사소송법」이 규정하고 있는 적법절차를 준수하여야 하고, 이를 위반한 위법한 압수·수색을 통해 압수된 물건은 재판에서 유죄의 증거로 사용될 수 없다.

또한 압수된 전자정보(디지털증거)가 재판에서 증거로 사용되기 위해서는 수사기관이 압수현장에서 복사한 사본과 원래 당사자가 가지고 있던 디지털저장매체의 원본이 동일하다는 것을 입증하여야 한다. 왜냐하면 디지털정보의 경우, 일반서류에 비해 편집·조작의 가능성이 매우 높고 조작 여부를 쉽게 확인할 수 없기 때문이다.

따라서 법정에 제출된 디지털정보 사본의 증거능력이 인

정되기 위해서는 ① 디지털저장매체의 원본이 존재하고 ② 원본과 사본이 동일하다는 사실이 입증되어야 하며 ③ 동일성에 대한 검증 과정은 고도의 신뢰성이 보장되어야 한다.

이에 대하여 대법원 역시 "압수물인 디지털저장매체로부터 출력된 문건이 증거로 사용되기 위해서는 디지털저장매체 원본에 저장된 내용과 출력된 문건의 동일성이 인정되어야 할 것인데, 그 동일성을 인정하기 위해서는 디지털저장매체 원본이 압수된 이후 문건 출력에 이르기까지 변경되지 않았음이 담보되어야 하고, 특히 디지털저장매체 원본에 변화가 일어나는 것을 방지하기 위해 디지털저장매체 원본을 대신하여 디지털저장매체에 저장된 자료를 '하드카피' '이미징'한 매체로부터 문건이 출력된 경우에는 디지털저장매체 원본과 '하드카피' '이미징'한 매체 사이에 자료의 동일성도 인정되어야 한다. 나아가 법원 감정을 통해 디지털저장매체 원본 혹은 '하드카피' '이미징'한 매체에 저장된 내용과 출력된 문건의 동일성을 확인하는 과정에서 이용된 컴퓨터의 기계적 정확성, 프로그램의 신뢰성, 입력·처리·출력의 각 단계에서 조작자의 전문적인 기술능력과 정확성이 담보되어야 한다"라고 판시함으로써(대법원 2007. 12. 13. 선고 2007도7257 판결), 전자정보의 증거능력을 엄격히 판단하고 있다.

수사기관이 재판에서 압수된 전자정보의 증거능력을 인정받기 위해서는 ① 압수현장에서 디지털 분석전문가를 통해 해시값**을 추출하고 ② 디지털 분석전문가와 제3자의 입회하에 '해시값 확인서'를 작성한 후 ③ 저장매체를 봉인하고 ④ 시정 장치가 된 별도의 공간에 보관하는 등의 절차를 통해 해당 증거 의 진정성과 무결성·신뢰성을 입증하여야 한다.

그런데 수사기관은 압수·수색 과정에서 위와 같은 절차를 준수하기보다는 당사자로부터 '압수·수색 과정에 대한 이의가 없다' '원본과 사본의 동일성을 확인하였다'는 확인서에 서명하 게 해서 원본과의 동일성에 대한 이의를 포기하도록 요구하는 경우가 종종 있다. 압수·수색을 처음 받는 대부분의 당사자들 은 수사기관 앞에서 위축될 수밖에 없고, 서명·날인을 요구받 는 경우 무슨 서류인지 살펴볼 경황도 없이 서명하게 된다.

이처럼 압수 당시 경황없이 했던 서류 모두가 법정에서 자 신의 유죄를 인정하는 증거로 사용될 수 있음은 물론이다. 현장 에서 자신이 서명하는 서류를 모두 꼼꼼하게 읽어보고 내용을 확인하는 것이 억울한 재판을 받지 않게 되는 지름길이라는 점 을 명심하자.

** 해시값이란 파일의 데이터를 해시함수(Hash Funtion) 또는 해시알고리즘(Hash Algorithm)을 통해 계산하 여 산출된 값으로, 이러한 값은 해당 파일의 고유한 값이 된다. 해시값은 고유한 값이기 때문에 서로 다 른 두 파일의 해시값이 같다는 것은 두 파일이 완벽하게 100퍼센트 일치하는 동일한 파일임을 의미한다.

6.
압수물의 처리와 돌려받기

　압수된 물건은 물건을 압수한 수사기관에서 이를 직접 보관하는 것이 원칙이다. 수사기관은 압수물이 상하지 않도록 필요한 조치를 취해야 한다. 그러나 예외적으로 제3자나 소유자에게 보관을 맡기는 경우도 있고, 소위 짝퉁이라고 하는 모조품처럼 유통할 수 없는 물건은 보관의 실익도 없고 보관비만 많이 들므로 소유자 등의 동의를 얻어 폐기처분하는 경우도 있다.

　수사기관이 적법하게 물건을 압수하였다 하더라도 이를 영영 돌려받지 못하는 것은 아니다. 압류를 계속할 필요가 없다고 인정되는 경우에는 압수물을 소유자 등에게 돌려주는데, 이를 '압수물 환부'라고 한다. 압류를 계속할 필요가 없는 경우란 압수물이 범죄사실과 관련이 없거나 증거로서 가치가 전혀 없는 경우를 말한다. 수사 중이라도 수사기관의 결정으로 압수물을 환부하기도 하고, 재판에 이르렀다면 법원이 판결을 하면서 압수물을 환부하라고 명령하기도 한다. 압수를 당한 소유자 등이 수사기관에 압수물 환부를 청구할 수도 있지만, 범죄를 수사하는 데 압수물을 계속 압류하고 있을 필요가 없다고 판단하면 수사기관이 당사자에게 압수물을 받아 가라고 통지한다. 특히 전자정보를 저장한 노트북이나 휴대용 저장장치 같은 압수물은 어차피 노트북이나 휴대용 저장장치 자체가 목적이 아니라 그 속에 저장된 정보가 목적이므로, 수사기관은 압수물을 압수한 직후 압수물에 저장된 정보를 복제한 뒤 압수물 자체는 당사자에게 곧바로 돌려주고 있다. 이러한 저장장치를 복제하는 데에는 통상 2~3일이면 충분하므로, 압수 때문에 업무를 수행하는 데 곤란을 겪는다면 압수물을 신속하게 복제하고 돌려달라고 수사기관에 요구하는 것이 타당하다.

만약 압수물이 증거로서 가치가 있다고 수사기관이 판단하면 그 압수물은 언제 돌려받을 수 있을까? 그런 압수물은 수사기관이 피의자를 기소할 때 법원에 증거물로 제출하므로 판사가 환부 여부를 결정한다.

만약 압수물이 범죄행위에 제공한 물건이나 범죄행위로 인해 취득한 물건이라면, 판사는 압수물을 소유자 등에게 돌려주지 않고 몰수하는 판결을 선고하게 되므로, 이때는 아무리 자기 물건이라 하더라도 돌려받을 수 없게 된다. 그에 반해 압수물이 범죄행위에 제공한 물건이나 범죄행위로 인해 취득한 물건이 아니라면, 재판이 끝나면서 더 이상 수사기관이나 법원이 압수물을 가지고 있을 필요가 없으므로 판사는 압수물을 소유자 등에게 환부하라고 명령하고, 수사기관은 이에 따라 압수물을 돌려주게 된다.

한편 수사나 재판이 끝나기 전이라도 소유자 등이 청구하면 법원 또는 수사기관의 결정에 의해 압수물을 임시로 돌려받을 수도 있다. 임시로 돌려받으므로 이를 '압수물 가환부'라고 한다. 기소 전에는 검찰청에 가서 청구하고, 기소 후에는 법원에 청구한다. 특히 소유자나 소지자가 이 압수물을 계속 사용해야 하는 경우, 소유자 등이 청구하지 않더라도 수사기관은 사진 촬영이나 원형보존조치를 취하여 신속히 가환부해주어야 한다.

7.
통신자료의 수집 및 통화의 감청 등

'사람은 사회적 동물'이라는 유명한 명제를 굳이 예로 들지 않더라도, 사람은 다른 사람과 대화하고 전화하고 우편이나 이메일을 주고받으면서 소통한다. 우리는 인터넷 등 사이버 공간 속에서 오프라인 못지않게 다른 사람들과 소통하고 있다. 이처럼 여러 통신수단을 통한 소통이야말로 그 사회성을 가장 강력하게 드러내는 징표일 것이다. 우리 헌법은 제18조에서 '모든 국민은 통신의 비밀을 침해받지 아니한다'고 천명해두고 있다. 그런데 이렇듯 사람이 통신을 통하여 소통하다 보니, 사회적 산물인 범죄의 단서와 증거 또한 이 소통 속에서 찾으려고 하는 것도 불가피해질 수밖에 없다. 그리하여 통신의 매개가 되는 각종 수단을 들여다보고 감청하는 속에서 수사작용이 이뤄지는 것을 그 자체로 금지시킬 수는 없을 것이다. 그럼에도 불구하고 우리는 이러한 경우를 살펴볼 필요가 있다.

사례 4

평소 정부에 대해 비판적인 입장을 가지고 있는 세상개벽당의 부대표 홍길동이 모바일메신저 시장의 절대강자인 카카오톡에 단체카톡방 여럿을 개설하거나 그에 참여하고 있었다. 그런데 경찰이 이 카톡방의 메시지를 모두 들여다보았다면서 '압수수색 집행사실'을 통지했다. 압수된 내용은 여자 친구랑 나눈 달콤한 밀어, 고교 친구들과 은사님 찾아뵐 얘기, 사무실 동료에게 보내준 은행계좌의 비밀번호, 신용카드 번호, 부모님에게 보낸 건강·안부 얘기 등이었다. 그런데도 이 내용이 모조리 압수된 것이었다.

위 사례는 실제 존재한 여러 사례를 모아서 구성한 것이다. 자, 어떤가? 이런 경우조차 수사라는 이름으로 정당화될 수 있을까? 우리 헌법은 국민의 기본권을 침해할 때 국가가 지켜야 하는 원칙을 세워두고 있다. 과잉금지원칙 내지 비례의 원칙이다. 수사의 필요성이 인정되는 범위 내에서 기본권이 제한되어야 한다는 것이다. 그런데 수사작용 중 특히 이러한 통신비밀에 관한 침해에 있어서는 비례의 원칙 내지 과잉금지원칙이 거의 지켜지지 않는다. 법원의 감시와 통제도 다른 수사 분야에 비하여 허술하거나, 심지어 사각지대에 놓인 영역마저 있다. 그러므로 다른 어떤 분야보다 시민들의 감시가 절실하다. 《쫄지 마 형사절차》라는 이 책의 정신과 취지가 특히 발휘되어야 할 곳도 바로 이 분야이다. 뒤에서 다시 보겠지만 통신사나 포털사들은 국가기관의 요구에 대하여 단 한 차례도 불응하지 않고 통신자료를 제공해왔는데, 그러한 불법적인 관행이 근절된 것은 시민들의 소송을 통한 자발적 문제 제기가 계기가 되었다.

이제부터 이러한 통신비밀이 수사라는 이름으로 침해되는 경우를 살펴고자 한다.

통신자료를 수집하는 수사기법의 종류

앞서 본 대로 수사기관은 사이버상 전기통신(인터넷을 생각하면 되겠다)으로 오고 가는 개인정보와 대화 등 일반에 공개되지 않는 정보를 수집하여, 이를 수사의 자료로 삼아 피의자를 추궁하기도 하고 법원에 증거로 제출하기도 한다.

수사기관이 이러한 정보를 수집하는 수사기법을 크게 분류하면 첫째가 통신자료의 수집, 둘째가 통신사실확인자료의 수집, 셋째가 통신 내용의 수집이다. 셋째의 통신 내용의 수집은 다시, 이미 송수신이 완료된 과거의 전기통신 내용을 수집하는 압수·수색과 미래의 통신 내용을 수집하는 감청으로 구분할 수 있다.

현재 「통신비밀보호법」(이하 「통비법」)과 「전기통신사업법」, 「형사소송법」 등에 산재해 있는 통신 내용에 대한 수사기법제도를 개관하면 다음 표와 같다.

	통신자료제공 요청	통신사실확인자료 제공요청
근거 법률	전기통신사업법	통비법
청구 또는 요청 주체	법원, 검사 또는 수사관서의 장(군 수사기관의 장, 국세청장 및 지방국세청장 포함) 정보수사기관의 장	범죄수사: 검찰 또는 사법경찰관 국가안보: 정보수사기관의 장 재판상 필요한 경우에는 법원도 요청 가능
대상	「전기통신사업법」 제83조 제3항 통신자료 이용자의 성명, 이용자의 주민등록번호, 이용자의 주소, 이용자의 전화번호, 이용자의 아이디(컴퓨터시스템이나 통신망의 정당한 이용자를 식별하기 위한 이용자 식별부호), 이용자의 가입일 또는 해지일	「통비법」 제2조 제11호 통신사실확인자료 가입자의 전기통신일시, 전기통신개시·종료 시간, 발·착신 통신번호 등 상대방의 가입자번호, 사용도수, 컴퓨터통신 또는 인터넷 사용자가 전기통신역무를 이용한 사실에 관한 컴퓨터통신 또는 인터넷 로그기록자료, 정보통신망에 접속된 정보통신기기의 위치를 확인할 수 있는 발신기지국의 위치추적자료, 컴퓨터통신 또는 인터넷의 사용자가 정보통신망에 접속하기 위하여 사용하는 정보통신기기의 위치를 확인할 수 있는 접속지의 추적자료
요건	재판, 수사(「조세범 처벌법」 제10조 제1항, 제3항 및 제4항의 범죄 중 전화, 인터넷 등을 이용한 범칙사건의 조사 포함), 형의 집행 또는 국가안전보장에 대한 위해를 방지하기 위한 정보수집이 필요한 경우	범죄수사: 수사 또는 형의 집행을 위하여 필요한 경우 국가안보: 국가안전보장에 대한 위해를 방지하기 위하여 정보수집이 필요한 경우

법원의 통제	영장주의 적용	X (단 서면주의는 적용)	O
	영장주의 예외	서면주의의 예외로서 긴급요청 허용	긴급요청 허용
	기타	X	지방법원 또는 지원은 통신사실확인자료제공요청 허가청구를 받은 현황, 이를 허가한 현황 및 관련된 자료를 보존해야 함
당사자 개입 및 관여	사전통지	X	X
	사후통지	X	O

전기통신의 내용 확인	
감청	압수 · 수색
통비법	형사소송법, 통비법
범죄수사: 검사, 사법경찰관(검사를 통하여) 국가안보: 정보수사기관의 장	법원, 검사 또는 사법경찰관 (검사를 통하여)
「통비법」 제2조 제3호, 제7호 감청의 대상은 **전기통신**임(동법 제2조 제7호) 전기통신: 전화 · 전자우편 · 회원제정보서비스 · 모사전송 · 무선호출 등과 같이 유선 · 무선 · 광선 및 기타의 전자적 방식에 의하여 모든 종류의 음향 · 문언 · 부호 또는 영상을 송신하거나 수신하는 것 (동법 제2조 제3호)	「통비법」 제9조의3 송수신이 완료된 전기통신
범죄수사: 제5조 제1항에서 규정하고 있는 범죄를 계획 또는 실행하고 있거나 실행하였다고 의심할 만한 충분한 이유가 있고, 다른 방법으로는 그 범죄의 실행을 저지하거나 범인의 체포 또는 증거의 수집이 어려운 경우 국가안보: 국가안전보장에 대한 상당한 위험이 예상되는 경우에 한하여 그 위해를 방지하기 위하여 이에 관한 정보수집이 특히 필요한 때	범죄수사에 필요한 때에는 피의자가 죄를 범하였다고 의심할 만한 정황이 있고 해당 사건과 관계가 있다고 인정할 수 있는 것에 한정하여
O	O
긴급감청 허용	영장 없는 압수 · 수색 허용
X	X
X	O (단 급속을 요하는 경우 및 당사자 불참통보 시 예외)
O	O

통신자료의 수집

> 사례 5
>
> 당신은 포털사 네비게이터에 이메일 계정을 개설하여 이용하고 있다. 그런데 경찰이 당신의 아이디를 통신사에 제시하면서 당신의 이름, 주민등록번호, 주소, 전화번호, 이메일 계정 가입일과 해지일 등 자료 제시를 요구하였다. 네비게이터는 이에 응하여 요구하는 자료를 모두 경찰에 넘겨주었다. 네비게이터의 이러한 조치는 적법한가?

수사기관은 법률에 따라 통신자료를 수집할 수 있는데, 여기서 통신자료란 '통신 이용자의 성명, 이용자의 주민등록번호, 이용자의 주소, 이용자의 전화번호, 이용자의 아이디(컴퓨터시스템이나 통신망의 정당한 이용자를 식별하기 위한 식별부호), 이용자의 가입일 또는 해지일'을 말한다. 앞서 본 대로 그 근거법률은 「전기통신사업법」 제83조 제3항이다.

이 규정에 근거하여 수사기관 등은 전기통신사업자에게 전기통신회사 가입자의 성명, 주민등록번호, 전화번호, 아이디 등 가입자의 인적정보 제공을 요청할 수 있다. 영장이 필요한 것도 아니며, 그 요건은 "재판, 수사, 형의 집행 또는 국가안전보장에 대한 위해를 방지하기 위한 정보수집을 위하여"라고 규정되어 있어 모호할 뿐만 아니라 지나치게 광범위하다. 요건이 이처럼 광범위하다 보니 수사기관은 "수사상 정보수집"을 이유로, 사실상 아무런 제약 없이 사업자에게 가입자의 개인정보를 제출하도록 요구할 수 있다.

수사기관이 전기통신사업자에게 요청하여 제공받은 통신자료제공 건수는 지난 2012년 전화번호 수를 기준으로 거의 800만 건에 달했다. 1년 동안 전 국민의 약 16퍼센트에 해당하는 시민의 전기통신 관련 개인정보가 자신도 모르는 사이에 수사기관의 손으로 넘어간 것이다.

법규정상 전기통신사업자는 수사기관의 요청에 응해야 할 법적 의무는 없다. 그렇지만 실무에서는 수사기관의 요청에 따라 정보를 100퍼센트 제공하고 있다고 봐도 과언이 아니다. 사업자 입장에서 현실적으로 수사기관의 요청을 거부하기란 사실상 불가능하고, "수사상 필요"와 같은 요건에 해당하는지를 사업자가 독자적으로 판단할 방법이 없기 때문이다.

통신자료제공에 대해서는 영장제도가 적용되지 않음은 물론이고, 사전통지제도나 사후통제 방법도 전혀 없다. 정보 주체인 시민들은 전기통신에 관한 자신의 개인정보가 수사기관에 제공되었는지 여부를 알 길이 없기 때문에 부당한 정보제공에 대한 시정요구를 할 수도 없고, 더 나아가 그러한 개인정보가 어디서 어떻게 활용되었는지에 대해서도 알 방법이 전혀 없었다.

그런데 여기에 사법적 판단이 그 제동을 걸게 된 계기가 되었다. 2012년 이른바 '회피연아 동영상사건'으로 네이버가 동영상 업로더에 관한 정보를 수사기관에 제공하자, 해당 네티즌인 차 모 씨가 네이버를 상대로 민사소송을 제기하였다. 이에 법원은 50만 원의 배상을 명하는 판결을 선고하였고(서울고등법원 2012. 10. 18. 선고 2011나19012 판결), 이후 네이버와 다음은 통신자료의 제공요청에 응하지 않게 되었다.

그럼에도 통신사들의 통신자료제공은 계속되었다. 그러다 이 부분이 또다시 중단되게 되었는데, 그 계기는 역시 재판이었다. 이동통신사들마저 이용자들의 손해배상청구에 따른 패소판결에 직면한 다음에야 이러한 통신자료제공을 중단하게 된 것이었다. 2015년 1월 19일, 서울고등법원은 서 모 씨 등 세 명이 KT, SK텔레콤, LG유플러스의 통신 3사를 상대로 낸 공개청구 및 손해배상청구소송 항소심(2014나2020811)에서 "원고들에게 20만~30만 원씩 지급하라"며 원고 일부승소판결을 내렸다. 재판부는 판결문에서 "통신 가입자는 개인정보 자기결정권과 관련해 개인정보처리 여부를 확인할 권리가 있다"며, "통신사는 가입자의 개인정보를 제3자에게 제공한 현황을 공개할 의무가 있다"고 밝혔다. 또한 "통신자료제공 현황을 공개하면 수사업무에 중대한 지장이 발생한다는 우려만으로 법적으로 보장되는 개인정보 자기결정권을 침해할 수는 없다"며 "수사 비밀보장은 수사의 편의를 위한 것일 뿐이며 헌법상 기본권인 개인정보 자기결정권 실현의 보호가치가 더 크다"고 강조했다.

이러한 판결의 취지에 따라 KT, SK텔레콤, LG유플러스 등 이동통신사들은 더 이상 영장 없이는 수사기관에 통신자료를 제공하지 않기로 의견을 모았다.

사례 5 해설

네비게이터의 이러한 조치는 적법하지 않다. 통신자료는 개인의 소중한 통신정보이다. 자신의 개입이나 관여도 없이, 법원의 영장도 없이, 이러한 자료가 수사기관으로 넘어가는 것은 잘못이라는 것이 법원의 판단이다. 대형포털사나 통신사들은 더 이상 통신자료를 수사기관에 제공하지 않겠다고 하였다. 이는 시민들의 자발적인 힘으로써 불법을 근절시킨 사례로 기록될 것이다.

통신사실확인자료의 제공

'통신사실확인자료'란 쉽게 말하면 통화 일시와 상대방 전화번호 등 전기통신으로 행한 일시와 로그기록 등의 자료를 말한다. 여기에 전화통화 내용 등 송수신된 통신의 내용은 포함되지 않는다. 「통비법」 제2조 제11호는 통신사실확인자료를 "가입자의 전기통신 일시, 전기통신개시·종료 시간, 발·착신 통신번호 등 상대방의 가입자번호, 사용도 수, 컴퓨터통신 또는 인

	2008년	2009년	2010년
문서 건수	212,745	248,552	238,869
전화번호 수	446,900	16,082,957	39,391,220
문서 1건당 전화번호 수	2.1	64.71	164.91

터넷 사용자가 전기통신역무를 이용한 사실에 관한 컴퓨터통신 또는 인터넷 로그기록자료, 정보통신망에 접속된 정보통신기기의 위치를 확인할 수 있는 발신기지국의 위치추적자료, 컴퓨터 통신 또는 인터넷 사용자가 정보통신망에 접속하기 위하여 사용하는 정보통신기기의 위치를 확인할 수 있는 접속지의 추적자료"라고 설명하고 있다.

수사기관의 통신사실확인자료 요청은 앞에서 설명한 통신자료제공과는 달리 법원의 통제가 적용된다. 즉 수사기관이 통신사실확인자료를 제공받으려면 「통비법」 제13조 제1항에 따라 관할 지방법원에 "수사 또는 형의 집행을 위하여 필요"함을 소명하고 허가를 받아야 하는 것이다. 그러나 그 허가요건은 "수사상 필요"로 지나치게 포괄적으로 규정되어 있기 때문에 수사기관의 남용에 대한 비판이 끊이지 않아왔다.

위 표를 보면 수사기관이 제공받은 통신사실확인자료제공 건수는 전화번호 수를 기준으로 2008년 약 45만 건에서 2009년

2011년	2012년	2013년	2014년 상반기
235,716	239,308	265,859	132,031
37,304,882	25,402,617	16,114,668	6,143,984
158.26	106.15	121.11	46.5

약 1600만 건으로 폭증하였고, 2010년에는 약 3900만 건까지 증가하였다. 그 뒤 지금까지 비록 감소 추세이긴 하나 제공 건 수가 약 2000만 건 정도에 이르고 있어, 개인정보 누설의 심각 성은 여전하다.

아울러 통신사실확인자료에 개인의 위치정보와 기지국 접 속정보가 포함되어 있는 점도 문제이다. 수사기관은 수사를 위 하여 필요하다는 것만 소명하면 손쉽게 개인의 위치정보와 기 지국 정보를 파악할 수 있기 때문이다. 수사기관이 위치정보를 실시간으로, 수사의 필요성의 범위를 넘어서서 파악하는 것의 본질은 사찰이다.

한편 수사기관들은 범죄현장으로 의심되는 곳의 기지국을 이용한 모든 사람의 착·발신 시간, 통화시간, 수·발신 번호 등 모든 정보를 무차별적으로 수집하는데, 이를 '기지국 수사'라고 한다. 위 표에 나온 자료 중 2009년 이후의 통신사실확인자료 는 96~98퍼센트가 '기지국 수사'라는 명목으로 제공되었다. 「통비법」 제13조 제1항에 따라 "수사상 필요"라는 추상적인 기준에 의하여 이러한 기지국 수사가 남용되고 있는 것이다.

전기통신의 내용에 대한 사찰

통신자료의 제공이나 통신사실확인자료의 제공은 당사자의 통화 내용이나 이메일 내용 등 전기통신의 내용을 제공하는 것이 아니라, 통화 등 전기통신이 있었다는 사실, 그 일시와 주체, 장소 등에 관한 정보를 제공하는 것이다. 즉 전기통신의 내용은 이러한 통신자료 내지 통신사실 확인자료의 열람으로 불가능하다.

수사기관이 통화 내용이나 이메일 내용 등 전기통신내용을 알고자 하는 경우에는 다른 방법을 쓰고 있다. 그 방법은 「통비법」에 의한 감청과 「형사소송법」에 의한 압수·수색의 두 가지로 대별할 수 있다.

1) 감청

「통비법」에 의한 '감청'이란 전기통신에 대하여 당사자의 동의 없이 전자장치·기계장치 등을 사용하여 통신의 음향·문언·부호·영상을 청취·공독하여, 그 내용을 지득 또는 채록하거나 전기통신의 송수신을 방해하는 것을 말한다.

「통비법」과 「형사소송법」 규정을 비교해볼 때, 전기통신 내용이 감청의 대상인지 아니면 압수수색의 대상인지는 '송수신 완료 여부'에 따라 달라진다고 보는 것이 일반적이다. 대법원도 같은 입장에서 "「통신비밀보호법」에 규정된 '통신제한조치'는 '우편물의 검열 또는 전기통신의 감청'을 말하는 것으로(제3조 제2항), 여기서 '전기통신'이라 함은 전화·전자우편·모사전송 등과 같이 유선·무선·광선 및 기타의 전자적 방식에 의하여 모든 종류의 음향·문언·부호 또는 영상을 송신하거나 수신하는 것을 말하고(제2조 제3호), '감청'이라 함은 전기통신에 대하여 당사자의 동의 없이 전자장치·기계장치 등을 사용하여 통신의 음향·문언·부호·영상을 청취·공독하여, 그 내용을 지득 또는 채록하거나 전기통신의 송수신을 방해하는 것을 말한다(제2조 제7호). 따라서 '전기통신의 감청'은 위 '감청'의 개념 규정에 비추어 현재 이루어지고 있는 전기통신의 내용을 지득·채록하는 경우와 통신의 송수신을 직접적으로 방해하는 경우를 의미하는 것이지, 전자우편이 송신되어 수신인이 이를 확인하는 등으로 이미 수신이 완료된 전기통신에 관하여 남아 있는 기록이나 내용을 열어 보는 등의 행위는 포함하지 않는다 할 것이다. 이는 행위의 태양으로 보면 오히려 위 법에서 우편물에 대하여 당사자의 동의 없이 개봉하는 등의 행위를 규정한 '검열'에 가까운 것이지만, 전자우편의 검열은 통신제한조치 허가 등 위 법에 의한 규율 대상에 포함되지 않음이 법문의 규정상 명백하다"고 판시하였다(대법원 2012. 11. 29. 선고 2010도9007 판결 등).

이러한 판례에 의하면, 이메일이나 메신저의 통신 내용은 발신자의 발신 후 수신자가 '읽을 수 있는 상태'에 도달하면 송수신이 완료된 것으로 보게 된다. 수신자가 통신 내용을 실제 읽어야 송수신이 완료되는 것이 아니다. 수신자의 개봉 여부와 무관하게 수신자가 통신 내용을 읽을 수 있는 상태가 되면 송수신이 완료된 것이라고 보기 때문에, 이처럼 송수신이 완료된 전기통신은 「통비법」이 정한 감청의 대상이 아니다. 수사기관은 송수신이 완료된 전기통신에 대해서는 「형사소송법」이 정한 일반적인 압수·수색영장을 발부받아 그 통신 내용을 취득할 수 있을 뿐이다.

따라서 감청은 '송수신이 진행 중인 동안'에만 가능하다는 결론에 이른다. 대화가 진행되는 동안 이뤄지는 전통적인 전화 감청이 그 전형적인 예라 할 수 있다. 인터넷 패킷 감청의 허용 여부에 대해서는 비판이 있지만, 대법원은 「통비법」으로 허용되는 감청의 하나라는 입장이다. 대법원은 "인터넷 통신망을 통한 송수신은 「통비법」 제2조 제3호에서 정한 '전기통신'에 해당하므로 인터넷 통신망을 통하여 흐르는 전기신호 형태의 패킷(packet)을 중간에 확보하여 그 내용을 지득하는 이른바 '패킷 감청'도 같은 법 제5조 제1항에서 정한 요건을 갖추는 경우 다른 특별한 사정이 없는 한 허용된다고 할 것이고, 이는 패킷 감청의 특성상 수사목적과 무관한 통신 내용이나 제3자의 통신 내용도 감청될 우려가 있다는 것만으로 달리 볼 것이 아니다"라고 판시하고 있다(대법원 2012. 10. 11. 선고 2012도7455 판결).

그렇다면 감청은 어떤 경우에 허용되는가? 「통비법」에 의한 감청은 두 가지 경우에 가능하다. 하나는 범죄수사를 위한 경우이고, 다른 하나는 국가안보를 위한 경우이다.

범죄수사를 위한 경우의 감청은 다음에 나오는 범죄를 계획 또는 실행하고 있거나 실행하였다고 의심할 만한 충분한 이유가 있고, 다른 방법으로는 그 범죄의 실행을 저지하거나 범인의 체포 또는 증거의 수집이 어려운 경우에 한하여 법원이 허가하는 경우에만 가능하다. 대체로 죄질이 무겁고 사회적으로 처벌의 필요성이 큰 중범죄를 대상으로 하며, 「집회 및 시위에 관한 법률」에 규정된 범죄, 「도로교통법」에 규정된 범죄, 형법 중 명예훼손·모욕·일반교통방해·업무방해 등은 그 대상이 아니다.

1. 형법 제2편 중 제1장 내란의 죄, 제2장 외환의 죄 중 제92조 내지 제101조의 죄, 제4장 국교에 관한 죄 중 제107조, 제108조, 제111조 내지 제113조의 죄, 제5장 공안을 해하는 죄 중 제114조, 제115조의 죄, 제6장 폭발물에 관한 죄, 제7장 공무원의 직무에 관한 죄 중 제127조, 제129조 내지 제133조의 죄, 제9장 도주와 범인은닉의 죄, 제13장 방화와 실화의

죄 중 제164조 내지 제167조·제172조 내지 제173조·제174조 및 제175조의 죄, 제17장 아편에 관한 죄, 제18장 통화에 관한 죄, 제19장 유가증권, 우표와 인지에 관한 죄 중 제214조 내지 제217조, 제223조(제214조 내지 제217조의 미수범에 한한다) 및 제224조(제214조 및 제215조의 예비·음모에 한한다), 제24장 살인의 죄, 제29장 체포와 감금의 죄, 제30장 협박의 죄 중 제283조 제1항, 제284조, 제285조(제283조 제1항, 제284조의 상습범에 한한다), 제286조[제283조 제1항, 제284조, 제285조(제283조 제1항, 제284조의 상습범에 한한다)의 미수범에 한한다]의 죄, 제31장 약취, 유인 및 인신매매의 죄, 제32장 강간과 추행의 죄 중 제297조 내지 제301조의2, 제305조의 죄, 제34장 신용, 업무와 경매에 관한 죄 중 제315조의 죄, 제37장 권리행사를 방해하는 죄 중 제324조의2 내지 제324조의4·제324조의5(제324조의2 내지 제324조의4의 미수범에 한한다)의 죄, 제38장 절도와 강도의 죄 중 제329조 내지 제331조, 제332조(제329조 내지 제331조의 상습범에 한한다), 제333조 내지 제341조, 제342조[제329조 내지 제331조, 제332조(제329조 내지 제331조의 상습범에 한한다), 제333조 내지 제341조의 미수범에 한한다]의 죄, 제39장 사기와 공갈의 죄 중 제350조의 죄

2. 「군형법」 제2편 중 제1장 반란의 죄, 제2장 이적의 죄, 제3장 지휘권 남용의 죄, 제4장 지휘관의 항복과 도피의 죄, 제5장 수소이탈의 죄, 제7장 군무태만의 죄 중 제42조의 죄, 제8장 항명의 죄, 제9장 폭행·협박·상해와 살인의 죄, 제11장 군용물에 관한 죄, 제12장 위령의 죄 중 제78조·제80조·제81조의 죄

3. 「국가보안법」에 규정된 범죄

4. 「군사기밀보호법」에 규정된 범죄

5. 「군사기지 및 군사시설보호법」에 규정된 범죄

6. 「마약류 관리에 관한 법률」에 규정된 범죄 중 제58조 내지 제62조의 죄

7. 「폭력행위 등 처벌에 관한 법률」에 규정된 범죄 중 제4조 및 제5조의 죄

8. 「총포·도검·화약류 등 단속법」에 규정된 범죄 중 제70조 및 제71조 제1호 내지 제3호의 죄

9. 「특정범죄가중처벌 등에 관한 법률」에 규정된 범죄 중 제2조 내지 제8조, 제10조 내지 제12조의 죄

10. 「특정경제범죄가중처벌 등에 관한 법률」에 규정된 범죄 중 제3조 내지 제9조의 죄

11. 제1호와 제2호의 죄에 대한 가중처벌을 규정하는 법률에 위반하는 범죄

범죄수사를 위한 감청은 검사나 경찰 등 수사기관이 법원에 청구하여 허가를 얻은 경우에만 가능하고, 이 경우 압수·수색영장의 집행절차와 같은 통지나 참여권을 보장하지 않는다. 다만 감청을 행한 사건에 관하여 공소를 제기하거나, 공소의 제기 또는 입건하지 아니하는 처분(기소중지 결정을 제외한다)을 한 때는, 그 처분을 한 날부터 30일 이내에 감청집행사실만을 간략하게 통지하여줄 뿐이다. 감청을 집행할 때 통지받지 못하거나 참여하지 못하는 점은 실시간 감청의 속성상 불가피하다고 볼 수 있으나, 수사기관의 무제한적인 개인정보 수집으로 헌법이

정한 사생활의 자유가 침해되는 문제는 어떻게 방지할 것인가 하는 과제를 던져주고 있다.

또한 집행사실 통지도 시간적으로 너무 늦고, 통지의 내용도 빈약하여 권리침해를 받은 당사자가 피해를 실효적으로 회복받을 수 있는 방안이 되기 어렵다는 문제가 있다. 법의 개정이 필요하다.

2) 통신자료에 대한 압수·수색

이메일 같은 통신자료에 대한 압수·수색은 앞서 설명한 「형사소송법」에 따른 일반적인 압수·수색영장의 발부와 집행에 의한다. 그런데 이러한 통신자료의 압수나 수색은 대단히 문제가 많다. 이 중 대표적인 두 가지만 살펴보자.

하나는 일반적인 장소나 물건에 대한 압수·수색영장의 집행 시 피의자 또는 그 변호인에게 영장의 집행사실을 통지하고, 집행에의 참여를 보장하여야 한다는 점이다. 그런데 이메일 압수·수색과 같이 집행장소가 피의자와 무관한 경우, 거의 대부분 통지도 생략하고 참여도 보장하지 않는다. 집행사실을 통지함에 있어서 급속을 요하는 경우에 예외를 인정하는 「형사소송법」 규정에 따라, 압수·수색영장의 집행사실을 거의 대부분 통지해주지 않고 있다. 그러다 보니 해당자의 이메일 대부분이 수사기관으로 넘어가고 있다. 심지어 과거 사건의 예(〈피디수

첩)사건, 주경복 서울시교육감후보사건 등)를 보면, 수년 치 이메일을 압수·수색하는 경우도 있었다.

과거 이메일을 압수당한 사람이 이 규정 때문에 압수·수색의 집행 시 참여하지 못하여 프라이버시권의 침해를 받았다면서 제기한 헌법소원에서, 헌법재판소는 「형사소송법」 제122조의 예외규정이 합헌이라고 판단하였다(헌재 2012. 12. 27. 선고 2011헌바225 결정). 급속을 요하는 경우의 예외규정 남용 문제는 결국 국회에서 입법으로 해결하는 수밖에 없게 되었다. 국회의 분발이 필요한 사항이다.

다른 하나는 압수·수색을 통한 통신 내용 수집의 경우, 사후적으로 집행사실을 통지해주도록 하고 있다는 점이다. 이는 「형사소송법」이 아니라 「통비법」에 규정되어 있다. 「통비법」 제9조의3은 전기통신의 압수·수색을 실시한 사건에 관하여 공소를 제기하거나, 공소의 제기 또는 입건하지 아니하는 처분(기소중지 결정을 제외한다)을 한 때는 그 처분을 한 날부터 30일 이내에 감청집행사실을 통지해주도록 규정하고 있다. 그러나 이러한 통지는 시기적으로 너무 늦고, 통지 내용도 지나치게 간략하여 권리침해를 받은 당사자에 대한 실효적인 회복 방안이 되기 어렵다. 입법적으로 개선이 되어야 할 것이고, 이 점도 국회의 분발이 필요한 사항이다.

3) 양자 간 이원화 문제점

전기통신의 내용에 대하여 감청과 압수수색으로 현행 법제가 이원화되어 있는 것도 개선이 필요한 문제이다. 송수신이 완료된 전기통신의 경우, 즉 현재 통신의 경우에는 압수·수색영장에 의하여 그리고 허가서 집행 당시를 기준으로 통신제한조치허가(감청)를 통하여야 적법한 방식이라 할 것이다. 그런데 2014년 이른바 '카톡사태' 때 검찰과 새누리당은 '감청영장'이라는 법에도 없는 이름을 들며, 통신제한조치허가서를 통해 이미 송수신이 완료되어 다음카카오의 서버에 저장된 카톡 통신 내용을 압수해갔다. 이런 방식은 앞서 본 대로 위법한 수사방식이다.

수사기관의 통신제한조치허가서에 의하여 송수신이 완료된 통신 내용을 압수해가는 것도 문제이지만, 같은 통신의 내용이 송수신 중이라고 하여 요건이 보다 엄격한 「통비법」의 적용을 받고, 송수신이 완료되었다고 하여 요건이 완화된 「형사소송법」의 적용을 받는 것도 문제이다. 앞서 표에서 본 대로 범죄수사에 관한 통신제한조치의 요건은 "(「통비법」) 제5조 제1항에서 규정하고 있는 범죄를 계획 또는 실행하고 있거나 실행하였다고 의심할 만한 충분한 이유가 있고, 다른 방법으로는 그 범죄의 실행을 저지하거나 범인의 체포 또는 증거의 수집이 어려운 경우"로 한정된 반면, 「형사소송법」 제215조는 "범죄수사에 필요한 때는 피의자가 죄를 범하였다고 의심할 만한 정황이 있고 해당 사건과 관계가 있다고 인정할 수 있는 것에 한정하여"라고 하여 「통비법」보다 완화되었음을 알 수 있다.

이는 「형사소송법」상의 압수·수색에 관한 규정이 종래의 아날로그 시대의 유형물을 상정하여 규정되었고, 이에 반하여 「통비법」은 전기통신상의 디지털정보를 상정하여 입안되었다는 데에서 생기는 문제이다. 그러나 전기통신의 경우 송수신이 진행 중인 때와 그 송수신이 완료되는 시점은 매우 찰나적인 순간에 이뤄지는 것이 보통이므로, 이 둘을 구별할 실익이 매우 적다. 그런데도 송수신 중인 전기통신은 매우 엄격한 요건(특히 '다른 방법으로는 그 범죄의 실행을 저지하거나 범인의 체포 또는 증거의 수집이 어려운 경우')의 적용을 받는 반면, 송수신이 완료되었다고 하여 그보다 요건의 완화를 용인할 이유가 없어 보인다.

맺으며

현행 「통비법」 등 통신법제는 두 가지의 중첩적 문제를 안고 있다. 첫 번째는 역사적 맥락의 문제이다. 우리 스스로의 자생력을 바탕으로 근대로 이행하지 못한 채 식민과 분단, 전쟁을 거치고 국가주의적·규제주의적 태도가 근대의 외피를 두르면서 법치주의 이름으로 이어져온 결과, 「통비법」 등의 법제 또한 명목은 통신비밀을 보호한다고 하면서도 실질은 수사기관의 효율성 확보에만 기울어 있다. 두 번째는 기술의 진보와 법규율 간의 불일치 문제이다. 새로운 통신수단의 등장에도 불구하고 법제도는 여전히 아날로그적 인식에 머물러 있다. 새로운 매체에 대한 입법은 그때그때의 필요에 의한 부분적·일시적 대응에 머무른 상태이다. 여기에 첫 번째 역사적 맥락의 문제가 작용하면, 그 입법의 불비는 국가주의적·규제주의적 관점으로 종래의 아날로그적 해석론이 자리를 차고앉게 된다. 지난해 카톡사태 때 이른바 감청영장으로 카톡 서버의 대화 내용을 압수·수색할 수 있다는 논리가 바로 그것이었다.

이제 관점을 근본적으로 바꾸어야 한다. 국가의 개인정보 수집 과정은 주권자인 국민 스스로가 개입·감시·통제할 수 있어야 한다. 지금 제기되는 「통비법」 등의 제반 문제는 국민이라는 주체에 의하여 헌법 제18조의 통신의 비밀이라는 기본권이 향도하는 바에 따라, 수사상 필요에 대응하는 비례의 원칙을 준수하는 한에서 해결되어야 한다. 그것이 국가기관에 대한 민주적 통제와 기본권 최우선보장의 취지에도 부합한다. 또 「통비법」 등의 문제 해결에 대한 대안이 가져야 할 기본적 관점이기도 하다. 이러한 점에서 현행 「통비법」 등 통신법제의 제도적 개선에 대하여도 시민들이 쫄지 말고 나서야 한다.

제4장

경찰이나 검찰에서
조사를 받게 될 때

1.
수사기관에 출석하라는 요구를 받았다면

어느 날 갑자기 경찰서나 검찰청이 전화를 걸어 조사할 것이 있으니, 언제 어디로 출석하라는 통보를 받는 경우가 있다. 자신이 이미 체포나 구속된 상태라면 수사기관은 바로 조사실로 데려가서 조사를 할 것이지만, 체포나 구속된 상태가 아니라면 전화나 기타 연락 방법을 통해 출석요구를 받게 된다. 이런 통지를 받으면 일단 덜컥 겁부터 나는 것이 보통이다. 출석을 요구하는 수사기관이 무슨 일 때문인지 간략하게 말해주기는 하지만, 자세한 내용은 알 수도 없고 대개는 꼬치꼬치 물어볼 엄두도 나지 않는다. 하지만 '호랑이한테 물려 가도 정신만 바짝 차리면 산다'는 옛말이 있듯, 당황하지 말고 변호사나 전문가의 도움을 받아 차근차근 대응하면 고초를 겪을 위험을 줄일 수 있다.

경찰이나 검찰의 출석요구는 피의자에 대한 수사가 본격적으로 시작된다는 것을 의미한다. 제1장에서 수사는 현행범이나 불심검문 같은 경우로 시작되기도 하지만, 상대방의 고소나 고발로 시작되기도 하고, 수사기관이 범죄에 관한 정보를 자체적으로 입수하여 시작되기도 한다고 설명하였다. 수사기관은 이러한 수사의 단초를 통해 수사를 개시하고, 피의자에 대한 정보는 물론이고 압수·수색 등을 통해 통화기록이나 계좌의 거래내역 등을 이미 확보하였을 수도 있다. 고소인이나 고발인 또는 제3자를 불러 피의자의 범죄혐의에 대한 진술을 듣는 것도 이미 진행하였을 가능성도 높다. 이처럼 수사기관은 피의자의 범죄혐의에 관한 주변 정보와 자료를 입수한 뒤, 피의자에게 꼬치꼬치 캐묻고자 어느 날 갑자기 전화를 걸어 언제 어디로 출석하라고 하는 것이다.

「형사소송법」 제200조는 "검사 또는 사법경찰관은 수사에 필요한 때는 피의자의 출석을 요구하여 진술을 들을 수 있다"고 규정하고 있다. 다만 출석요구의 방법에 대하여는 구체적으로 정하지 않고 있는데, 이에 대하여는 대통령령인 「검사의 사법경찰관리에 대한 수사지휘 및 사법경찰관리의 수사준칙에 관한 규정」(이하 「수사준칙」)에 규정되어 있다. 「수사준칙」 제19조는 "① 사법경찰관이 피의자 또는 참고인에게 출석을 요구할 때는 별지 제4호 서식 또는 별지 제5호 서식에 따른 출석요구서를 발부하여야 한다. 이 경우 출석요구서에는 출석요구의 취지를 명백하게 적어야 한다. ② 사법경찰관은 신속한 출석요구 등을 위하여 필요할 때는 전화, 팩스, 그 밖의 상당한 방법으로 출석을 요구할 수 있다"고 규정하여, 서면에 의한 출석요구를 원칙적인 방법으로 규정하고 있다. 그러나 수사 현실에서는 '출석요구서'보다 간편한 '전화에 의한 출석요구'가 더 많이 이용되고 있는 것으로 보인다.

이런 소환통보를 전화로 받을 때는 당황하지 말고 소환하는 담당자의 성명과 소속, 사무실 호수와 전화번호 등을 확인하고, 자신이 '피의자'나 '피내사자'인지 아니면 '참고인'인지부터 확인해야 한다. 만일 피의자라면 자신의 혐의사실(피의사실)이 무엇인지 구체적으로 설명해달라고 요구하고, 수사기관에 출석해서 조사받으러 가기 전에 변호사에게 법률적 조언이나 상담을 받고 조사에 임하거나, 변호사를 대동하고 경찰서나 검찰청에 출두하는 것이 좋다. 만일 자신에게 도움을 주는 변호사가 없다면, 거주하는 지역의 지방변호사회의 당직변호사제도나 법률구조공단의 도움을 받는 것도 한 가지 방법이다.

수사기관의 출석요구에 응하여 조사를 받는 것은 강제력이 없는 임의수사에 해당하기 때문에, 출석 날짜를 수사기관과 협의하여 조정하거나 변경할 수 있다. 예컨대 병원 치료를 받아야 하거나 출장을 가야 하는 등 수사기관이 요구하는 날짜나 시간에 출석할 수 없는 사유가 있다면 수사기관에 불출석사유서를 제시하고서 출석 날짜를 조정할 수 있다. 수사기관은 피의자가 정당한 사유 없이 출석요구에 응하지 않는다고 생각하면 피의사실을 기재하여 법원에서 체포영장을 발부받을 수 있으니, 가능하면 불출석사유를 기재한 서류(불출석사유서)를 수사기관에 발송하는 것이 좋다. 특정한 날짜에 출석하기로 하였다면 사전에 조사 시작 시간과 종료 시간을 협의해, 수사관서에서 불필요하게 대기하지 않도록 하고 조사 시간을 단축할 수 있도록 요청할 수 있을 것이다.

수사기관의 출석요구에 대하여 출석 자체를 완전히 거부할 수 있을까? 출석을 거부할 수는 있지만, 수사기관은 피의자에 대한 체포영장을 법원에 청구할 것이고, 범죄혐의가 상당하다면 판사는 체포영장을 발부할 가능성이 높기 때문에 출석을 거부할 실익이 별로 없다. 만약 이미 구속영장이 발부되어 경찰서의 유치장이나 구치소에 구금되어 있는데, 경찰이나 검찰이 조사실로 소환하려 할 때도 소환에 불응할 수 있을까? 유치장이나 구치소 담당 직원은 유치장에서 데리고 나가려 할 것인데 그때도 소환을 거부할 수 있을까? 통상 수사하는 경찰이나 검사 앞에 불려 가더라도 진술을 거부하고자 할 때, 아예 조사실에서 나가지 않을 방편으로 소환 자체에 불응하기도 한다. 이처럼 구속영장으로 구금된 피의자가 소환을 거부할 때 수사기관이 피의자를 강제로 조사실로 인치할 수 있는지 여부에 관하여, 아무리 유치장이나 구치소에 구금되어 있다 해도 피의자가 나가기를 거부한다면 피의자의 동의 없이 조사실로 데리고 갈 수는 없고, 수사기관은 별도로 법원에 체포영장을 청구하여 발부받아야 한다는 견해가 있었으나, 대법원은 "구속영장은 기본적으로 장차 공판정에의 출석이나 형의 집행을 담보하기 위한 것이지만, 수사기관이 구속된 피의자를 조사하는 등 적정한 방법으로 범죄를 수사하는 것도 예정하고 있다"며 구속영장으로 구금된 피의자가 피의자신문을 위한 출석요구에 응하지 아니하면서 수사기관 조사실에 출석을 거부한다면 수사기관은 그 구속영장의 효력에 의하여 피의자를 조사실로 구인할 수 있다고 판시하였다(대법원 2013. 7. 1.자 2013모160 결정).

2.
피의자신문을 받을 때는
가능하면 변호인과 함께!

변호인의 피의자신문 참여권이란!

경찰관이 피의자를 조사할 때 변호인이 같이 앉아 있는 모습을 미국 영화에서 자주 보게 되는데, 십여 년 전까지만 해도 이런 장면을 우리 사회에서 찾아보기는 쉽지 않았다. 하지만 최근 들어서는 웬만한 피의자도 수사기관에서 조사를 받을 때면 변호사를 대동하고 싶어 하고, 실제 대동하는 경우도 빈번해졌다.

수사를 받고 있는 피의자가 수사기관에서 피의자로서 신문을 받을 때, 변호인이 같이 동석하여 피의자를 보호하고 법률적으로 조언하는 것을 '변호인의 피의자신문 참여'라고 한다. 피의자신문 때 변호인이 참여하는 것은 수사 단계에서 피의자가 변호인의 도움을 받을 수 있는 일 중에 가장 중요한 일이라 해도 과언이 아니다. 왜냐하면 수사기관은 강제력을 가졌을 뿐만 아니라 피의자에 대한 각종 정보를 보유하고 있는 상태에서 수사나 법률에 대해 문외한인 피의자 혼자 대응하는 데에는 한계가 있는데, 수사기관의 피의자신문에 어설프게 대응했다가는 피의자가 범죄를 뒤집어쓰는 결과가 나올 수도 있기 때문이다.

이러한 변호인의 피의자신문 참여는 종전에는 활성화되지 않았고, 이것이 피의자의 권리인지 아닌지에 대해 논란이 일 정도로 확고하게 정착되지 않았지만, 시민의식의 성장과 인권을 지키려는 변호사들의 노력이 점차 결실을 맺어 법원과 헌법재판소도 이를 피의자의 권리로 명시하기에 이르렀다.

대법원은 2003년에 적법절차주의와 변호인의 조력을 받을 권리에 관한 헌법 조항을 근거로 구금된 피의자에 대한 신문에 변호인이 참여할 수 있는 권리를 인정하였고(대법원 2003. 11. 11.자 2003모402 결정), 헌법재판소는 "불구속 피의자가 피의자신문 시 변호인의 조언과 상담을 원한다면, 위법한 조력의 우려가 있어 이를 제한하는 다른 규정이 있고 그가 이에 해당한다고 하지 않는 한 수사기관은 피의자의 위 요구를 거절할 수 없다"고 하여 불구속 피의자에 대한 신문에 변호인이 참여할 수 있는 권리를 선언하였다(헌법재판소 2004. 9. 23. 선고 2000헌마138 결정).

이에 따라 「형사소송법」 제243조의2 제1항은 "검사 또는 사법경찰관은 피의자 또는 그 변호인·법정대리인·배우자·직계친족·형제자매의 신청에 따라 변호인을 피의자와 접견하게 하거나 정당한 사유가 없는 한 피의자에 대한 신문에 참여하게 하여야 한다"고, 제3항은 "신문에 참여한 변호인은 신문 후 의견을 진술할 수 있다. 다만 신문 중이라도 부당한 신문 방법에 대하여 이의를 제기할 수 있고, 검사 또는 사법경찰관의 승인을 얻어 의견을 진술할 수 있다"고 하여 변호인의 피의자신문 참여권을 명문화하였다.

이러한 참여권은 위법사항을 감시하는 것, 변호인이 피의자에게 조언과 상담을 제공하는 것, 의견을 진술하는 것을 포함하고, 따라서 피의자신문 중에 피의자의 요청에 따라 변호인이 상담과 조언을 제공하는 것은 변호인의 도움을 받을 권리의 핵심적 내용으로 당연히 허용된다고 할 것이다.

변호인의 피의자신문 참여권의 한계

정당한 사유가 있으면 수사기관은 피의자에 대한 신문에 변호인이 참여하지 못하게 할 수 있다고 「형사소송법」은 규정하고 있다. 그런데 '정당한 사유'라는 것은 귀에 걸면 귀걸이, 코에 걸면 코걸이가 될 수 있어, 걸핏하면 수사기관이 변호인의 참여를 막기 위한 근거로 남용될 소지가 크다.

앞서 본 「수사준칙」 제21조 제4항은 사법경찰관이 피의자 신문 중이라도 변호인의 참여를 제한할 수 있는 경우를 변호인의 참여로 인하여 다음 중 어느 하나의 사유가 발생하여 신문

방해, 수사기밀 누설 등 수사에 현저한 지장이 있을 때로 들며, 「형사소송법」 제243조의2 제1항의 '정당한 사유'를 세분하여 규정하고 있다.

1. 사법경찰관의 승인 없이 부당하게 신문에 개입하거나 모욕적인 말과 행동 등을 하는 경우
2. 피의자를 대신하여 답변하거나 특정한 답변 또는 진술 번복을 유도하는 경우
3. 법 제243조의2 제3항 단서에 반하여 부당하게 이의를 제기하는 경우
4. 피의자신문 내용을 촬영·녹음·기록하는 경우. 다만 기록의 경우 피의자에 대한 법적 조언을 위하여 변호인이 기억을 되살리기 위해 하는 간단한 메모는 제외한다

그런데 '사법경찰관의 승인 없이 부당하게 신문에 개입하는 경우'나 '특정한 답변 또는 진술 번복을 유도하는 경우'는 신문을 받고 있는 피의자가 변호인의 도움을 받을 권리를 침해할 소지가 다분하다. 특히 대법원의 2003모402 결정은 '현행법상 신체구속을 당한 사람과 변호인 사이의 접견교통을 제한하는 규정은 마련되어 있지 아니하므로, 신체구속을 당한 사람은 수사기관에서 피의자신문을 받는 도중에라도 언제든지 변호인과 접견교통하는 것이 보장되고 허용되어야 할 것'이라고 명확하게 선언하고 있으므로 더욱 그러하다. 즉 피의자의 변호인이

피의자신문 중에 피의자를 대신하여 답변하거나 특정한 답변 또는 진술 번복을 유도하거나 신문에 개입하더라도, 그러한 행위는 접견교통권의 행사로 보장되어야 할 여지가 충분하다. 변호인이 피의자신문 중에 특정한 답변 또는 진술 번복을 유도하는 경우에는, 수사기관은 보통 이를 인정하지 아니하고 그 행위를 하지 말라고 경고하거나 제지하는 경우가 많은 것이 현실이다. 이러한 경우에는 변호사는 피의자신문을 받는 도중에라도 언제든지 변호인과 접견교통하는 것이 보장된다는 위 판례를 언급하여 대응할 필요가 있고, 특히 그러한 행위를 하려고 하자 적극적으로 담당 경찰관 등이 제지하는 경우에는 변호인은 '그러면 접견교통권을 행사하겠다'고 하여 수사기관에 피의자신문의 중단을 요구하고 접견교통권을 행사할 필요도 있을 것이다.

　　대법원은 「형사소송법」 제243조의2 제1항의 '정당한 사유'란 "변호인이 피의자신문을 방해하거나 수사기밀을 누설할 염려가 있음이 객관적으로 명백한 경우 등을 말하는 것"이라고 판시하였다. 피의자가 진술을 거부할 권리(묵비권)도 헌법으로 보장되는 마당에 피의자의 진술을 제지하거나 특정한 답변을 하도록 하거나 진술을 번복하도록 조언하는 변호인의 행위는 피의자가 변호인의 도움을 받을 권리의 내용에 당연히 포함되는 것이라 보아야 하고, 이를 피의자신문의 방해로 보아서도 아니 된다. '피의자신문의 방해'란 피의자신문이 물리적이나 유형적으로 진행되도록 하지 못하도록 하는 것을 말하는 것이지, 피의자에 대하여 변호인이 진술할 것인지 여부나 진술을 한다면 어떤 내용이나 방식으로 진술해야 한다고 조언하는 행위를 포함하는 것으로 해석할 근거는 전혀 없다.

만약 수사기관이 정당한 사유 없이 변호인의 참여를 제한하는 경우에는 변호인은 마땅히 수사기관의 처분에 대해 법적으로 다퉈야 할 것이고, 피의자 역시 진술을 거부하거나 조사실에서 퇴실하는 등으로 맞서는 것도 적극 고려해야 할 것이다.

피의자신문 참여권을 침해한 경우 신문조서의 증거능력은?

만약 정당한 사유 없이 변호인의 피의자신문 참여권을 제한하거나 심지어 피의자가 변호인의 참여하에 진술하겠다고 말하였음에도 불구하고, 변호인을 참여시키지 않고 진술하도록 한 끝에 수사기관이 작성한 피의자신문조서는 재판에서 증거로서 사용할 수 있을까? 그러한 피의자신문조서는 "피의자의 진술을 기재한 조서는 적법한 절차와 방식에 따라 작성되어야 한다"고 규정한 「형사소송법」 제312조를 위반한 서류이므로, "적법한 절차에 따르지 아니하고 수집한 증거는 증거로 할 수 없다"고 규정한 제308조의2의 위법수집증거에 해당되어 재판에서 증거로 사용할 수 없을 것이다.

신뢰 관계에 있는 사람의 동석요구

2007년에 개정된 「형사소송법」은 장애인·아동·노인·여성·외국인 등 사회적 약자들이 심리적 위축이나 자신을 표현할 능력의 부족 등으로 방어권을 충분히 행사하지 못할 수 있는 사정을 고려하여, 피의자가 원하는 경우 조사를 받을 때 피의자와 신뢰 관계에 있는 자를 동석하게 할 수 있도록 하였다. 피의자와 신뢰 관계에 있는 사람이란 피의자의 가족이나 친구, 시민단체 상담원 등이 해당한다. 따라서 심리적 안정과 원활한 의사소통을 위하여 가족이나 시민단체 상담원 등의 도움을 받을 수 있도록 경찰이나 검사에게 '신뢰 관계에 있는 사람'이 동석한 상태에서 조사를 받겠다고 요청할 수 있다. 영장실질심사에서 피의자에 대한 신뢰 관계에 있는 사람의 동석요구제도(「형사소송법」 제201조의2 제10항, 제276조의2 제1항)와 참고인조사에서 참고인에 대한 신뢰 관계에 있는 사람의 동석요구제도도 시행하고 있는데(「형사소송법」 제221조 제3항, 제163조의2 제1항 내지 제3항), 같은 취지의 제도이다.

문제는 대법원이 신뢰 관계에 있는 사람의 동석을 허용할 것인지 여부는 원칙적으로 검사나 사법경찰관이 피의자의 건강상태 등 여러 사정을 고려하여 재량에 따라 판단해야 한다고 판결함으로써(대법원 2009. 6. 23. 선고 2009도1322 판결) 이 제도의 취지가 많이 반감되어버렸다.

누리 씨는 검사에게서 출석을 요구받아 1차 조사를 받은 후 다시 2차 출석요구를 받아 변호사와 함께 출석하였다. 그런데 검사는 갑자기 변호사에게 피의자로부터 떨어진 곳으로 옮겨 앉을 것을 요구하였다. 변호사가 피의자 옆에 앉아 있을 것을 주장하자, 검사는 변호인에게 조사관실에서 퇴실할 것을 명하였다.

며칠 후 3차 조사를 받은 누리 씨는 변호사를 대동하여 출석하였는데, 며칠 전에 있었던 일을 변호사가 항의하자 검사는 누리 씨 바로 옆에 변호사를 앉게 한 상태에서 조사를 하였다. 한참 조사하던 중 누리 씨가 자신의 혐의사실을 인정하는 듯한 진술을 하자, 변호사는 이에 개입하여 그 진술의 번복을 유도하였고, 누리 씨는 종전의 진술을 번복하고 혐의사실을 부인하였다. 이에 검사는 누리 씨의 진술 번복을 유도했다는 이유로 변호사에게 다시 퇴실을 명하였다.

1. 2차 조사와 3차 조사에서 검사의 퇴실명령은 정당한 사유가 있는가?
2. 위와 같이 누리 씨를 신문한 뒤 작성한 피의자신문조서는 누리 씨에 대한 재판에서 증거로 사용할 수 있는가?

사례 1 해설

변호인의 피의자신문 참여가 실질적으로 보장되려면 변호인이 피의자와 가까운 곳에서 신문 내용을 확인하고 피의자에게 조언하여야 하므로, 변호인이 피의자와 떨어진 곳에 앉도록 하는 것은 이러한 참여권을 침해하는 것으로 위법하고, 이에 변호인이 응하지 않았다 하여 퇴실할 것을 명한 검사의 2차 조사 시 퇴실명령은 변호인의 참여권을 부당하게 침해하는 것으로서 위법하다. 3차 조사의 퇴실명령도 마찬가지. 피의자가 자신에게 불리한 진술을 하였다고 판단하면 피의자와의 접견교통권을 가진 변호인으로서는 피의자에게 해당 진술의 번복을 조언할 수 있고, 이는 이러한 조언행위는 변호인의 고유권리이다. 따라서 검사의 퇴실명령은 둘 다 위법하다.

이처럼 변호인의 피의자신문 참여권을 침해하면서 작성된 피의자신문조서는 위법하게 수집한 증거이므로 재판에서 증거로 사용할 수 없다.

3.
진술거부권(묵비권)

진술거부권이란?

헌법 제12조 제2항은 "모든 국민은 고문을 받지 아니하며, 형사상 자기에게 불리한 진술을 강요당하지 아니한다"고 규정하고 있는데, 이처럼 형사 피의자나 피고인이 자신에게 불리한 진술을 거부할 수 있는 권리를 '진술거부권'이라 한다. 흔히 '묵비권'이라 부르는 진술거부권을 헌법이 기본적 권리로 보장하는 것은 형사 피의자나 피고인의 인권이 형사소송의 목적인 실체적 진실 발견이나 구체적 사회정의의 실현이라는 국가 이익에 우선하며 인간의 존엄성과 가치를 보장하고 나아가 비인간적인 자백의 강요와 고문을 근절하려는 데 있다.

수사기관이 피의자를 체포할 때와 마찬가지로 수사기관이 피의자를 소환하여 진술을 듣고자 신문할 때도 수사기관은 피의자에게 진술거부권을 미리 고지하여야 한다. 「형사소송법」

제244조의3 제1항은 검사 또는 사법경찰관은 피의자를 신문하기 전에 ① 일체의 진술을 하지 아니하거나 개개의 질문에 대하여 진술을 하지 아니할 수 있다는 것 ② 진술을 하지 아니하더라도 불이익을 받지 아니한다는 것 ③ 진술을 거부할 권리를 포기하고 행한 진술은 법정에서 유죄의 증거로 사용될 수 있다는 것 ④ 신문을 받을 때는 변호인을 참여하게 하는 등 변호인의 조력을 받을 수 있다는 것을 모두 알려주도록 규정하고 있다. 따라서 수사기관의 질문 일체에 대해 진술거부권을 행사하여 전혀 대답을 하지 않을 수 있다.

그리고 같은 조 제2항은 "검사 또는 사법경찰관은 제1항에 따라 알려준 때는 피의자가 진술을 거부할 권리와 변호인의 조력을 받을 권리를 행사할 것인지의 여부를 질문하고, 이에 대한 피의자의 답변을 조서에 기재하여야 한다. 이 경우 피의자의 답변은 피의자로 하여금 자필로 기재하게 하거나 검사 또는 사법경찰관이 피의자의 답변을 기재한 부분에 기명날인 또는 서명하게 하여야 한다"고 규정하고 있다. 따라서 진술거부권은 조사를 시작하기 전에 고지해야 하므로, 만약 수사기관이 조사를 마친 다음 진술거부권을 고지하고 진술거부권 고지 확인서를 제시하면서 서명할 것을 요구하면, 그 서명을 거부해야 한다.

1) 증거재판주의

「형사소송법」 제307조 제1항은 "사실의 인정은 증거에 의하여야 한다"고 규정한다. 짧은 말이지만 매우 중요한 의미가 있는 말이다. 유죄판결을 하려면 범죄사실을 인정할 증거가 있어야만 하고, 그 증거는 증거능력이 인정되고 법원에서 적법한 증거조사를 거친 것이어야만 한다는 원칙이다. 증거에 의하지 않은 채 '네 죄를 네가 알렸다'며 다그치고 자백을 강요하는 원님 재판을 금지한다는 의미이다. 이를 '증거재판주의'라 부른다. 그러면 사실을 인정할 증거는 누가 제출하고 누가 입증해야 할까? 민사재판이라면 원고와 피고가 각자 자신의 증거를 제출하면서 공방을 벌이지만, 형사재판은 다르다. 유죄를 인정할 증거를 제출하고 범죄사실을 입증할 책임은 전적으로 검사에게 있다. 이러한 책임을 '입증(거증)책임'이라고 한다.

실제 재판을 보면 피고인의 인적 사항을 확인한 뒤 본격적으로 재판이 진행되는데, 제일 먼저 하는 일은 검사가 범죄사실을 기재한 공소사실을 낭독한 뒤 피고인이 이를 인정하는지 아닌지를 확인하고 그다음으로 검사가 범죄사실을 증명하는 증거라며 그 증거목록을 재판장에게 제출하는 것이다. 이후 재판은 검사가 제출한 증거를 증거로서 사용할 수 있느냐(증거능력), 그 증거로 죄가 인정될 수 있느냐(신빙성)를 판단하는 방식으로 진행된다. 사실 형사재판의 대부분은 이처럼 검사가 제출한 증거의 증거능력과, 신빙성에 대한 주장과 반박으로 진행된다. 피고인이나 변호인은 무죄를 적극적으로 입증할 의무가 없으며, 검사의 유죄 주장과 증거에 대해서 재판장이 합리적 의심을 품도록 문제를 제기하면 족하다. 실제 사건에서는 변론을 맡은 변호인이 피고인에게 유리한 증거를 제출하기도 하는데, 그 증거는 검사가 제출한 증거가 잘못되었음을 밝히기 위하여 이른바 탄핵증거로 사용되는 것이다.

검사에게 입증책임이 있다는 말은 중요한 의미가 있다. 예를 들어 증거조사를 통해 검사가 제출한 모든 증거를 검토해보았는데, 그 증거만으로는 유죄를 인정하기 어려운 경우라면 재판장은 어떻게 해야 할까? 이때 나오는 말이 "의심스러울 때는 피고인의 이익으로(in dubio pro reo)"라는 유명한 원칙이다. 재판장은 심정적으로는 유죄의 의심이 들더라도 증거가 없는 한 유죄를 선고할 수 없고, 제출된 증거를 통해 적어도 "합리적 의심 없는 증명의 정도"에 이르렀을 때만 유죄를 선고할 수 있다.

2) 수사기관은 자백을 좋아한다

경찰과 검찰은 기소하여 유죄를 받기 위해서 범죄사실을 입증할 증거를 찾기 위해서 전력을 다한다. 많은 증거 중에서 수사기관이 가장 원하는 것은 피의자의 자백이다. 혐의 자체가 불분명할 때 일단 자백을 받아내면 수사를 압축할 수 있고, 피의자가 심리적으로 무너지기 때문에 추가 증거도 얻어내기 쉽기 때문이다. 이 때문에 역사적으로 자백을 받아내기 위한 다양한 방법(고문, 회유, 협박, 속임수)이 있어왔다. 이런 경험 때문에 형사절차에서 정당하지 않은 자백을 받아내는 것이 금지되었고, 「형사소송법」도 자백의 증거능력을 제한하는 두 가지 장치를 두고 있다. 첫째는 자백배제법칙이라는 것이다. 자백이 고문, 폭행, 협박, 신체구속의 부당한 장기화 또는 기망(속임수), 기타의 방법으로 임의로 진술한 것이 아니라고 의심할 만한 이유가 있는 때는 이를 유죄의 증거로 쓰지 못한다는 것이다(「형사소송법」 제309조). 둘째는 설령 자백이 정상적으로 이루어진 것이라고 하더라도 자백 말고는 다른 증거가 없을 때, 즉 자백이 피고인에게 불리한 유일한 증거일 때는 자백만 가지고 유죄를 선고하지 못한다는 것이다(「형사소송법」 제310조). 즉 자백은 독립적인 증거가 되지 못하고, 다른 객관적인 증거가 있을 때 그 증거와 함께 유죄의 증거로 쓰일 수 있을 뿐이다.

자백과 관련해서 여러 명이 동시에 수사를 받는 경우에 문제가 된다. 집회에서 여러 사람이 연행되거나 국가보안법과 같은 시국사건의 경우에 종종 이런 상황이 발생한다. 수사기관은 사람마다 격리된 곳에서 상호 의사소통을 막은 채 신문을 하면서, "옆방에 있는 사람은 이미 자백했다"라며 자백을 회유한다. 혼자서 계속 버티면 오히려 자기 자신만 불리해질 것이라는 것을 암시한다. 이런 상황에서 사람은 심리적으로 자신을 지키기 위해 쉽게 자백을 하게 된다고 한다. 이것은 유명한 '죄수의 딜레마'와도 일맥상통하는 얘기이다. 실제로는 옆방 사람은 자백을 하지 않았더라도, 이런 방식으로 모든 방마다 자백을 받아낼 수 있다. 이런 방식의 자백 역시 부당한 것으로서 그 효력이 문제될 수 있다. 그러나 무엇보다 중요한 것은 이런 수사기관의 신문이 자백을 유도하기 위한 전형적인 수사방식이라는 점을 잊지 않는 것이다.

아무리 위법한 수사로 받아낸 자백을 증거로 사용하지 못하도록 하고, 또 자백만으로는 처벌할 수 없고 보강 증거가 있어야만 한다고 하더라도, 수사기관은 피의자로부터 자백이든 거짓진술이든 무엇이라도 받아내려고 안간힘을 다 쓴다. 자백이면 더할 나위 없지만, 거짓진술이라도 무방하다. 피의자가 진술한 것이 거짓이라는 것을 보여주는 증거나 근거를 제시하면서 피의자를 당혹하게 만들고 궁지에 몰아넣은 뒤 다시 자백하게 만들 수 있기 때문이다.

3) 진술거부권을 행사할 때 생기는 걱정들

그렇다면 경찰이나 검찰에게서 피의자로 조사를 받을 때

막상 진술을 거부하면 어떻게 될까?

조사를 받는 많은 사람은 대개 수사기관이 묻는 말에 진실이든 거짓이든 또박또박 답변을 하지 않으면 안 된다고 생각한다. 마치 수사기관이 묻는 말에 반드시 답변을 해야 할 의무라도 지고 있는 듯하다. 그러나 답변을 해야 할 의무는 그 어디에도 없다. 오히려 헌법은 답변하지 아니할 권리가 기본권이고, 답변하지 않는다 하여 수사기관이 불이익한 처분을 하지 못한다고 규정하고 있다.

많은 사람이 진술거부권을 행사하지 않고 수사기관의 질문에 뭐든지 답변을 하는 데에는 '내가 진술을 하지 않으면 수사기관이 나를 더 의심할 것'이라고 생각하는 것도 한 이유다. 대개의 경우 실상은 정반대다. 수사기관이 자신을 부른 이유가 어차피 범죄에 대한 의심을 품고 있기 때문이므로, 진술을 하든 하지 않든 의심을 받기는 피차일반이다. 더 큰 문제는 피의자가 잘 해명을 하면 수사기관이 자신을 이해할 것이라 믿는 경우이다. 자신이 범죄를 저지르지 않았음을 밝힐 수 있는 분명한 증거가 있으면 모를까, 그렇지 않은 경우에 이러쿵저러쿵 해명을 하다가 피의자를 다루는 데 경험이 많고 노련한 수사관에게 도리어 거짓말한 것이 들통 나 당혹해하며 스스로 실토하거나 없는 죄를 뒤집어쓰기까지 한다.

피의자들이 진술거부권 행사를 주저하는 데에는 만약 진

술을 거부하면 '괘씸죄'에 걸려 재판에서 높은 형량을 선고받지 않을까 하는 두려움도 있다. 그러나 이러한 우려도 근거가 없다. 진술을 거부하는 것과 범죄가 인정되는데도 범죄를 부인하는 것은 엄연히 다르고, 판사들도 이를 같이 보지 않는다. 여기서 괘씸죄란 피의자가 기소되어 재판을 받은 끝에 판사가 유죄로 인정하는데도, 피고인이 범죄를 부인하고 반성하지 않는 경우 높은 형을 선고하는 것을 말한다. 그런데 수사기관에서 조사를 받을 때는 진술을 거부하더라도 검사가 기소함에 따라 막상 재판을 받게 되었을 때는 진술을 거부하지 않고 판사 앞에서 범죄사실을 시인할 수도 있으며, 수사기관에서 진술을 거부하였다 하더라도 법정에서 범죄사실에 관하여 사실대로 진술하면 판사가 피고인에게 소위 괘씸죄를 적용할 여지는 없다.

그렇다고 수사기관에서 조사를 받으면서 모든 경우에 피의자가 무조건 진술을 거부하고 묵비권을 행사하라는 것은 아니다. 만약 수사기관이 품고 있는 범죄의 의심, 즉 피의사실이 무엇인지를 피의자가 이미 소상하게 파악하고 있고, 수사기관이 그 피의사실을 증명할 증거를 충분히 확보하고 있다고 판단되면, 무작정 진술거부권을 행사하는 것이 만병통치약은 아닐 수 있다. 그에 반해 피의자 스스로 피의사실이 무엇인지 정확히 알지 못하고 수사기관이 피의사실을 증명할 증거를 충분히 확보하지 않은 상태라면, 섣불리 수사기관의 조사에 응해 이러쿵

저러쿵 답변하는 것 자체가 피의자에게 유리할 것은 없다고 할 수 있다. 지피지기 백전불태(知彼知己 百戰不殆)라는 말이 여기에 딱 맞는다. 수사기관이 피의사실에 대해 무엇을 알고 있고 어떤 증거를 가지고 있는지를 먼저 피의자가 파악하고 나서 그에 맞춰 대응하면 스스로의 위험을 한층 줄일 수 있는 것이다.

예를 들어 수사기관에 소환되어 처음 조사를 받는다 치자. 수사관들은 신변 사항에 관해 몇 가지 물은 뒤 서서히 피의사실에 대해 이것저것 묻기 시작할 것이다. 누구를 아느냐, 몇 월 며칠 몇 시에 어디에 있었느냐, 이 돈은 누구한테서 받은 것이냐, 휴대전화의 이 번호는 누구냐 등등…. 때로는 수사기관이 이미 입수한 증거 자료나 제3자의 진술을 기재한 서류를 제시하기도 할 것이다. 그렇게 수사기관은 피의자가 답변을 하든 하지 않든 피의자에게 계속 질문할 것이다. 바로 그 질문을 곰곰이 생각해보면 수사기관이 자신에 대해 무엇을 알고 있고, 무엇을 알고 싶어 하며, 어떤 증거를 갖고 있는지 대략이나마 파악할 수 있게 된다. 피의자로서는 수사기관의 질문에 덜커덕 답변부터 할 것이 아니라 진술하지 않은 채 수사기관의 질문 내용을 곰곰이 들으면서 질문 속에 내포된 정보를 차근차근 분석한 뒤, 그다음에 진술을 하든 아니면 계속 묵비권을 행사하든 결정하는 것이 어찌 보면 가장 현명한 태도이다.

수사기관이 진술거부권이 있음을 고지하지 않았을 경우

수사기관이 피의자의 진술을 듣고자 신문하기 전에 피의자에게 진술거부권이 있음을 미리 고지하지 않은 채 피의자의 진술을 듣고 피의자신문조서나 진술조서 등의 서류를 작성하였다면 어떻게 될까? 그러한 진술이나 그 진술을 기재한 서류는 위법하게 수집한 증거이므로 재판에서 증거로 사용할 수 없다. 대법원은 "피의자의 진술을 녹취 내지 기재한 서류 또는 문서가 수사기관에서의 조사 과정에서 작성된 것이라면, 그것이 '진술조서, 진술서, 자술서'라는 형식을 취하였다고 하더라도 피의자신문조서와 달리 볼 수 없고, 한편 「형사소송법」이 보장하는 피의자의 진술거부권은 헌법이 보장하는 형사상 자기에 불리한 진술을 강요당하지 않는 자기부죄거부(自己負罪拒否)의 권리에 터 잡은 것이므로 수사기관이 피의자를 신문함에 있어서 피의자에게 미리 진술거부권을 고지하지 않은 때는 그 피의자의 진술은 위법하게 수집된 증거로서 진술의 임의성이 인정되는 경우라도 증거능력이 부인되어야 한다"고 판시하였다(대법원 2011. 11. 10. 선고 2010도8294 판결 등). 또 비록 사법경찰관이 피의자에게 진술거부권을 행사할 수 있음을 알려주고 그 행사 여부를 질문하였다 하더라도, 「형사소송법」 제244조의3 제2항에 규정한 방식에 위반하여 진술거부권 행사 여부에 대한 피의자의 답변이 자필로 기재되어 있지 아니하거나 그 답변 부분에 피의자의 기명날인 또는 서명이 되어 있지 아니한 사법경찰관 작성의 피의자신문조서는 특별한 사정이 없는 한 「형사소송법」 제312조 제3항에서 정한 '적법한 절차와 방식'에 따라 작성된 조서라 할 수 없으므로 그 증거능력을 인정할 수 없다(대법원 2013. 3. 28. 선고 2010도3359 판결).

다만 '수사기관이 조사 대상자에 대한 범죄혐의를 인정하여 수사를 개시하는 행위를 한 때'에 피의자의 지위가 인정되는데, 이러한 피의자의 지위가 인정되지 않은 자에 대해서는 진술거부권을 고지하지 아니하였더라도 진술의 증거능력을 인정할 수 있다는 것이 판례의 태도이므로(대법원 2011. 11. 10. 선고 2011도8125 판결), 진술을 하기에 앞서 자신이 피의자인지 참고인인지 분명하게 확인하는 것이 필요하다.

사례 2

누리 씨는 경찰로부터 소환통보를 받고 조사를 받으러 갔다. 경찰관은 누리 씨에게 진술거부권에 대한 설명 없이 바로 조사에 들어갔고, 조사가 끝나자 1회 피의자신문조서를 작성한 뒤 진술거부권을 알려줬다는 확인서를 받아 이를 피의자신문조서에 편철했다. 다음 날 2차 조사 때문에 경찰서를 찾은 누리 씨는 전날 1차 조사 때 경찰이 진술거부권을 뒤늦게 알려준 것을 지적하였고, 그러자 담당 경찰관은 이번에는 조사를 시작하기 전에 진술거부권이 있음을 미리 누리 씨에게 알려주면서 진술거부권을 행사하면 불이익을 받는다고 같이 경고하였다. 또 담당 경찰관은 누리 씨에게 진술거부권을 고지하였다는 사실을 알리면서도, 그에 대한 누리 씨의 답변을 자필로 받거나 그 답변에 대해 누리 씨의 기명날인 또는 서명도 받지 않은 채 2회 피의자신문조서를 작성하여 기록에 철하였다. 1회와 2회 각 피의자신문조서는 재판에서 증거로 사용할 수 있는가?

사례 2 해설

피의자를 조사할 때 수사기관은 진술거부권이 있음을 사전에 피의자에게 고지하여야 한다. 진술을 다 받고 난 뒤 뒤늦게 진술거부권을 알려주는 것은 진술거부권을 알려주지 않은 것과 마찬가지다. 따라서 1회 피의자신문조서는 누리 씨가 진술거부권을 고지받지 못한 채 진술한 것을 기재한 것이므로 증거로 사용할 수 없다. 2차 조사의 결과를 기재한 2회 피의자신문조서도 마찬가지로 증거로 사용할 수 없다. 진술거부권 고지는 「형사소송법」 제244조의3 제2항에 따라, 진술거부권을 고지하였다는 사실을 알리면서 그에 대한 피의자의 답변을 자필로 받거나 그 답변에 대해 피의자의 기명날인 또는 서명을 받는 방식으로 해야 하는데, 이러한 방식에 따르지 않았으므로 2회 피의자신문조서는 제312조 제3항에서 정한 '적법한 절차와 방식'에 따라 작성된 조서라 할 수 없기 때문이다. 또 만일 담당 경찰관이 「형사소송법」 제244조의3 제2항이 정한 대로 했더라도, 피의자가 진술거부권을 행사하면 불이익이 있다고 겁을 준 것은 진술거부권 고지의 본질적 내용과 취지를 위반한 것이고 위 법률이 정한 내용대로 진술거부권을 고지한 것이 아니므로, 역시 위법한 증거가 되어 증거로 사용할 수 없다.

실전 팁

Q. 집회현장에서 현행범으로 체포된 사람이 경찰호송차에 갇혔다. 이를 본 변호사는 그 사람과 바로 접견할 수 있나?

A. 우리 헌법 제12조가 '즉시' 변호인의 도움을 받을 수 있는 것으로 규정하고 있으므로, 위와 같은 상황에서 변호사는 변호인으로서 도움을 주기 위하여 바로 접견교통권을 행사할 여지가 있어 보인다. 그러나 헌법재판소는 "수용자의 접견은 매일(공휴일 및 법무부장관이 정한 날은 제외한다) 「국가공무원 복무규정」 제9조에 따른 근무시간 내에서 한다"고 규정한 「형의 집행 및 수용자의 처우에 관한 법률 시행령」 제58조 제1항을 근거로 변호인의 접견 시간대를 제한할 수 있는 것으로 보았고, 또한 위 조항의 '수용자'에는 '체포나 구속된 피의자'도 포함되고 '접견'에는 '변호인접견'도 포함되므로, 원칙적으로 집회현장에서 접견교통권은 행사하기 어렵고 경찰도 이를 허용하지 않는 것이 현실이다. 다만 체포된 사람이 경찰서로 이송된 후에는 경찰 등에서 야간이나 공휴일에도 접견을 허용하고 있는 것이 실무이다. 「수사준칙」 제39조 제1항에서도 "변호인 또는 변호인이 되려는 자가 체포·구속된 피의자와의 접견, 서류·물건의 접수 또는 수진을 요청할 때는 친절하게 응하여야 한다"고만 규정하여, 접견 시간대를 제한하고 있지 않다.

Q. 변호사와 접견하는데 수갑을 채웠다. 꼭 채워야 하나?

A. 아니다. 수갑 등 경찰장구는 도주 위험이 있을 때가 아니면 사용하지 못한다. 변호사 접견뿐 아니라 조사를 받을 때도 마찬가지이다. 경찰청 훈령 제62호 「피의자 유치 및 호송 규칙」 제22조에서 1. 송치, 출정 및 병원진료 등으로 유치장 외의 장소로 유치인을 호송하는 때와 조사 등으로 출감할 때 2. 도주하거나 도주하려고 하는 때 3. 자살 또는 자해하거나 하려고 하는 때 4. 다른 사람에게 위해를 가하거나 하려고 하는 때 5. 유치장 등의 시설 또는 물건을 손괴하거나 하려고 하는 때 한정하여 수갑 사용을 허가하고 있다.

Q. 여러 명이 함께 연행되었을 때 집단적으로 변호사와 접견을 할 수 있나?

A. 가능하다. 「형사소송법」은 변호인의 접견교통권에 제한 사유를 두고 있지 않다. 실제로도 집단적으로 변호인과 접견이 이루어지는 경우가 있다. 다만 변호인과 접견교통하는 것이 범행을 함께하거나 모의하는 등 공범 관계에 있는 사람들과 집단적으로 접견해야 하는 것까지 보장하는 것은 아니고, 판례도 변호인의 접견교통권은 피의자 또는 피고인의 도망이나 증거인멸을 방지하고 출석을 보장하기 위해 이루어지는 신체 구속제도의 본래 목적을 침해하지 아니하는 범위 내에서 행사

되어야 한다고 보므로(대법원 2007. 1. 31.자 2006모657 결정), 연행된 피의자가 공범 관계에 있는 경우에는 증거인멸을 이유로 집단적인 접견이 불허될 여지도 많다.

Q. 체포·구속 중에 경찰서에서 휴대전화로 외부 통화를 할 수 있게 해주던데, 어떤 경찰서에서는 안 해준다. 이럴 땐 어찌해야 하나?

A. 원칙적으로 허가가 없다면 통화는 불가능하다. 「형의 집행 및 수용자의 처우에 관한 법률」 제2조와 제44조의 규정을 종합하면, 경찰관서의 유치장에 수용된 피의자는 원칙적으로 외부와 전화통화가 금지되고 예외적으로 서장의 허가를 받아 전화통화를 할 수 있도록 되어 있다. 영장실질심사를 위해 법원으로 호송 중이던 피의자에게 외부 통화를 허가한 경찰관에게 국가공무원법 위반으로 정직처분을 인정한 판례도 있다 (서울행정법원 2005. 5. 24. 선고 2004구합37369 판결).

Q. 접견교통권 등의 침해를 이유로 국가배상을 청구하면 어느 정도의 위자료가 인정되나?

A. 실무상 위자료의 산정은 가해의 경위나 그 정도, 침해되는 법적 이익의 종류 등 여러 사정을 참작하여 재량에 의하여 이뤄지므로 위자료로 어느 정도의 금액이 인정될지는 일률적으로 말하기는 어렵고, 이런 경우에 보통 수백만 원 정도가 인

정된다. 일심회사건의 경우 500만 원이 인정되었다(서울고등법원 2009. 5. 25. 선고 2008나79281 판결).

Q. 가족이나 친구가 체포되거나 구속되었다는 소식을 들으면 어떻게 대처해야 하나?

A. 먼저 체포나 구속된 사람이 정신적으로 안정을 찾을 수 있도록 차분하게 조언해주고, 변호사로 하여금 신속하게 당해 피의자를 접견하고 법률적 조언을 제공할 수 있도록 하는 것이 중요하다. 초기에 어떻게 대응하는지가 향후 형사소송에서 유죄가 되느냐 무죄가 되느냐를 가를 수 있다.

4.
신문 과정에서 스스로 지키기

회유, 협박, 폭행, 폭언

1) 조사받을 때 폭행·회유·협박을 당했다면

사람들은 '설마! 요즘이 어떤 세상인데 수사기관이 고문을 하냐?'며 수사기관의 가혹행위나 고문이 과거 군사정권 시절에나 있었던 일이라고 생각하곤 한다. 하지만 21세기에도 수사기관의 가혹행위나 고문은 사라지지 않았다. 수사기관의 조사를 받는 피의자나 피구금자가 당하는 공권력에 의한 인권침해는 상상할 수 없을 정도의 위압으로 다가온다. 2004년 3월 국가인권위원회는 서초경찰서 C 모 경장에 대해, 피의자를 서초경찰서로 불러 조사하는 과정에서 자백을 얻기 위해 피의자의 대퇴부를 야구방망이로 수회 구타하는 등 가혹행위를 한 혐의로 검찰에 고발한 적도 있다. 수사기관에서의 가혹행위 및 고문으로 인한 자백은 법원에서 유죄의 증거로 사용할 수 없다(헌법 제12조 제7항, 「형사소송법」 제309조).

2) 수사관의 반말과 폭언

경찰관은 직무수행 중 폭언, 강압적인 어투, 비하하는 언어 등을 사용하거나 모욕감 또는 수치심을 유발하는 언행을 해서는 안 된다. 담당 수사관이 조사 과정에서 계속 반말을 하거나 모욕감을 주는 경우 즉시 시정을 요구하고, 그래도 시정하지 않으면 해당 경찰서의 청문감사실에 조사관의 교체를 요구할 수 있다. 청문감사실은 일종의 경찰 내부감사를 담당하는 곳이므로 민원인들의 진정을 접수, 내부적인 조사를 진행하여 징계조치나 시정조치를 취하고 있다. 검사나 검찰 수사관 역시 피의자에게 폭언, 강압적이거나 모욕적인 발언 또는 공정성을 의심받을 수 있는 언행을 해서는 안 된다. 검사나 검찰 수사관의 수사에 문제가 있는 경우에도, 해당 검찰청이나 상급 검찰청에 진정할 수 있고 국가인권위원회에 진정할 수도 있다.

또 수사관이 수사 과정에서 비밀보장을 위반하거나 모욕적인 발언을 했다면 국가와 해당 수사관을 상대로 손해배상을 청구할 수 있다. 밀양 집단성폭행사건 피해자 자매와 어머니가 국가를 상대로 "수사 경찰이 수치심을 일으키는 모욕적인 발언을 하고 피해자의 실명을 공개해 2차 피해를 입었다"며 손해배

상을 청구한 소송에서, 피해자들에게 5000만 원을 배상하라는
판결이 선고된 적 있다.

심야조사

밤 12시가 넘었는데도 경찰이나 검찰이 계속 조사하겠다
고 하면 어떻게 할까? 원칙적으로 자정부터 아침 6시까지의 심
야조사는 금지되며, 예외적으로 심야조사를 하는 경우에도 피
의자로부터 '심야조사 동의 및 허가서'를 받아야 한다. 심야조
사는 그 자체가 사실상의 가혹행위가 될 수 있다. 심야조사로
인한 조사자 및 피조사자의 피로로 인해 조사 내용에 허위가 개
입될 여지가 높으므로 심야조사는 되도록 거부하는 것이 바람
직하다.

지문날인

수사기관이 피의자에게 지문날인을 요구하는 것은 크게
신원을 확인하기 위한 것과 수사자료표를 작성하기 위한 것으
로 나눌 수 있다. 신원 확인을 위한 지문날인과 관련하여 「경범
죄처벌법」은 "범죄의 피의자로 입건된 사람에 대하여 경찰 공
무원이나 검사가 지문조사 외의 다른 방법으로 그 신원을 확인
할 수 없어 지문을 채취하려고 할 때 정당한 이유 없이 이를 거
부한 사람"은 "10만 원 이하의 벌금, 구류 등의 형으로 벌한다"

고 규정하고 있다(제1조 제42호). 만약 주민등록증이나 운전면허증, 여권 같은 신분증으로 신원을 확인할 수 있다면 신원 확인을 위한 지문날인을 거부하였더라도 처벌할 수 없다.

신원 확인을 위한 지문날인 이외에 「형의 실효 등에 관한 법률」에 따라 수사기관이 피의자의 인적 사항 등을 기재하여 관리하기 위해 작성하는 수사자료표를 작성하려고 지문날인을 요구하는 경우도 많다. 수사자료표를 작성함에 있어 피의자의 지문을 채취할 수 있다는 규정이 「형의 실효 등에 관한 법률 시행령」 및 법무부 훈령인 「지문을 채취할 형사 피의자의 범위에 관한 규칙」에 있다. 다만 고소·고발사건에서 검사가 불기소처분하는 경우에는 피고소인이나 피고발인에 대한 수사자료표 작성과 지문 채취를 하지 아니한다고 규정하고 있다. 지문 채취는 원칙적으로 당사자의 동의 없이 강제로 할 수 없으나, 당사자가 동의하지 않으면 수사기관이 법원으로부터 압수·수색 또는 검증영장을 발부받아 강제로 지문을 채취할 수도 있다.

사례 3

누리 씨는 절도혐의로 경찰의 수사를 받았다. 누리 씨가 혐의를 부인하자 수사관은 누리 씨의 뺨을 수차례 때리며 자백을 강요했다. 누리 씨는 고막이 파열된 듯한 통증을 느꼈고 이따금 잘 들리지 않는 현상까지 나타났다. 경찰의 조사를 마친 뒤 다시 검사의 조사를 받을 때 누리 씨는 경찰의 폭행이 생각나고 부인하면 또 고문당하지 않을까 두려워 검사 앞에서도 자신이 물건을 훔쳤다고 진술했다. 다행히 검사는 고문하지 않았지만, 절도죄로 기소되어 법정에 선 누리 씨는 경찰의 고문으로 인해 고막이 파열되어 만성중이염을 앓게 되었다고 주장하며 진단서를 제출했다.

사례 3 해설

전형적인 고문에 의한 수사다. 헌법 제12조 제2항은 고문을 금지하고 있고, 제7항은 "피고인의 자백이 고문·폭행·협박·구속의 부당한 장기화 또는 기망 기타의 방법에 의하여 자의로 진술된 것이 아니라고 인정될 때 또는 정식재판에 있어서 피고인의 자백이 그에게 불리한 유일한 증거일 때는 이를 유죄의 증거로 삼거나 이를 이유로 처벌할 수 없다"고 규정하고 있다. 곧 경찰 수사에서 한 누리 씨의 자백은 증거가 될 수 없다. 그렇다면 검사 앞에서 한 자백은 유죄의 증거로 사용할 수 있을까? 검사 앞에서 조사받을 때도 경찰관에 의한 고문의 영향력이 남아 있어 누리 씨가 자유로운 심리적·정신적·육체적 상태가 아니라면 검사 앞에서 한 자백 역시 증거로 사용할 수 없다. 실제 사례에서도 법원은 누리 씨의 자백이 고문에 의한 것이라고 판단하여 무죄를 선고하였다.

5.
영상녹화와 거짓말탐지기

영상녹화

요즘 경찰서와 검찰청에는 영상녹화실을 별도로 두고 있고, 뇌물이나 공안사건을 전담하는 특수부 검사실이나 공안부 검사실에도 '영상녹화장치'가 설치되어 있다. 이는 경찰 및 검찰에서 작성된 피의자신문조서를 재판 과정에서 증거로 사용할 수 없는 사례가 발생하자, 수사기관에서 피의자의 진술을 영상녹화하여 피의자의 진술을 기재한 피의자신문조서를 증거로 사용할 수 있도록 보강하려는 생각에서 나온 것이다.

2007년에 개정된 「형사소송법」은 ① 피의자 진술의 영상녹화의 절차를 법정하고(제244조의 2) ② 검사가 작성한 피의자신문조서와 검사나 사법경찰관이 작성한 참고인진술조서와 관련하여 진술한 자가 강압이나 속임수 등에 의한 것이 아니라 자신의 진정한 의사에 따라 진술하였고, 그 서류에 기재된 내용이 진술한 것과 똑같다는 것을 증명하기 위한 방법(이를 '진정성립'이라 한다)으로 영상녹화물을 사용하는 것을 인정하고(제312조 제2항, 제4항) ③ 진술자의 기억이 불명확한 경우에 기억환기용으로 사용할 수 있게 하였다(제318조의2 제2항).

그런데 수사기관에서 피의자의 진술을 영상녹화할 때, 당사자에게 영상녹화한다는 사실을 미리 알려주어야 한다는 것만 규정하고 영상녹화에 대하여 피의자 또는 변호인의 동의를 구해야 한다는 규정은 없는데도, 실무에서는 사전에 피의자의 동의를 받는 경우도 있다. 참고로 피의자가 아닌 참고인의 진술을 영상녹화하려면 참고인의 동의를 받아야 한다(「형사소송법」 제221조 제1항).

영상녹화를 할 때는 조사의 개시부터 종료까지 전 과정과 객관적 정황을 영상녹화하여야 한다. 조사의 개시부터 종료까지의 전 과정이란 당해 조사의 전 과정을 의미하므로, 당해 조사에서 그 일부분만을 선별하여 영상녹화하는 것은 허용되지 않는다. 그리고 영상녹화가 완료된 때는 피의자나 변호인 앞에서 지체 없이 그 원본을 봉인하고 피의자로 하여금 기명날인 또는 서명하게 해야 한다. 또 피의자나 변호인이 요구하면 영상녹화물을 재생하여 시청하게 하여야 하고, 그 내용에 대하여 이의를 제기하면 이의 내용을 기재한 서면을 영상녹화물에 첨부하여야 한다(제224조의2).

「형사소송법」은 피의자의 진술을 영상녹화한 영상녹화물을 독립된 유죄의 증거나 탄핵증거로 사용할 수 없도록 하고, 다만 조서의 실질적 진정성립을 인정하는 보조자료 또는 피고인이나 참고인의 기억환기용으로만 사용할 수 있도록 하였다. 이는 수사절차가 비디오 촬영 절차가 되고 법정이 비디오 상영장으로 변질될 위험이 있을 뿐만 아니라, 수사 단계에서 촬영한 영상녹화물의 상영에 의하여 법관의 심증이 좌우되어 공판중심주의가 무의미하게 될 우려가 있다는 점을 고려한 결과라고 할 수 있다. 기억환기를 위하여 영상녹화물을 사용하는 경우에도 법관이 시청하는 것이 아니라 피고인에게만 시청하도록 한 것도, 법관이 독립적인 증거능력이 없는 영상녹화물에 의하여 심증을 형성하지 않도록 하기 위한 것이다.

위와 같이 영상녹화물만으로는 독립적인 유죄의 증거가 되지 않기 때문에, 경찰이나 검찰은 피의자신문 과정을 영상녹화하더라도 피의자신문조서를 별도로 작성하게 된다. 그래도 피의자가 자백하는 사건에는 이후 재판 과정에서 영상녹화물이 피의자신문조서를 뒷받침해줄 수 있는 자료가 되기 때문에 영상녹화를 해두는 경우가 많다. 따라서 영상녹화를 할 때는 수사관의 불리한 질문에 대하여는 진술거부권을 적절히 사용해야 하며, '자백'은 신중하게 하여야 한다. 반면에 피의자가 부인하는 사건에서 영상녹화를 하게 된다면, 피의자의 부인 진술이 영상녹화물로 남고, 수사관의 반복적인 유도성 질문과 회유 및 협박성의 질문은 영상녹화로 할 수 없게 되어 피의자 입장에서 영상녹화를 하는 것이 유리할 수도 있다.

거짓말탐지기

형사사건에서 피해자와 피고인의 진술이 첨예하게 엇갈리고 다른 명백한 증거도 없는 경우에 경찰은 거짓말탐지기 검사를 실시하는 경우가 있다. 거짓말탐지기로 검사할 때, 핵심 질문사항에 이상 반응을 보이면 '거짓'이라는 검사 결과가 나오게 된다.

거짓말탐지기 검사 결과 '거짓' 반응이 나온 경우, 이를 유죄의 증거로 사용할 수 있을까? 결론은 '아니다'. 사람에 따라 질문을 잘못 이해하거나 지나친 긴장으로 진실과 다른 결과가 나올 수도 있고, 거짓말탐지기가 과학적으로 거짓 진술을 확실하게 가려낼 수 있다고 신뢰하기도 어렵기 때문이다. 대법원도 "거짓말탐지기의 검사 결과에 대하여 사실적 관련성을 가진 증거로서 증거능력을 인정할 수 있으려면, 첫째로 거짓말을 하면 반드시 일정한 심리상태의 변동이 일어나고, 둘째로 그 심리상태의 변동은 반드시 일정한 생리적 반응을 일으키며, 셋째로 그 생리적 반응에 의하여 피검사자의 말이 거짓인지 아닌지가 정확히 판정될 수 있다는 세 가지 전제 요건이 충족되어야 한다.

특히 마지막 생리적 반응에 대한 거짓 여부 판정은 거짓말탐지기가 검사에 동의한 피검사자의 생리적 반응을 정확히 측정할 수 있는 장치여야 하고, 질문사항의 작성과 검사의 기술 및 방법이 합리적이어야 하며, 검사자가 탐지기의 측정 내용을 객관성 있고 정확하게 판독할 능력을 갖춘 경우라야만 그 정확성을 확보할 수 있는 것이므로, 이상과 같은 여러 가지 요건이 충족되지 않는 한 거짓말탐지기 검사 결과에 대하여 「형사소송법」상 증거능력을 부여할 수는 없다"(대법원 2005. 5. 26. 선고 2005도130 판결 등)고 하여, 사실상 거짓말탐지기 검사 결과의 증거능력을 부정하고 있다. 거짓말탐지기는 검사받는 사람의 신빙성을 가늠하는 정황증거 이상의 가치가 없다. 나아가 거짓말탐지기 검사는 본인의 동의 없이는 실시할 수 없으므로, 경찰의 요구에 반드시 응할 필요도 없다.

6.
피의자신문조서에 서명과 날인을
요구받을 때의 대응 방법

꼼꼼히 읽고 추가 및 정정 요구

수사기관은 피의자를 신문할 때 피의자의 진술을 조서에 기재하여야 한다(『형사소송법』 제244조 제1항). 이 조서가 바로 피의자신문조서이다. 수사기관은 피의자신문조서에 피의자에게 질문한 내용과 피의자의 대답을 문답식으로 기재한 후 피의자에게서 날인이나 서명을 받아 보관하다가, 피의자를 기소하기로 하면 피의자신문조서를 법정에 증거로 제출한다. 요즘 법원이 공판중심주의를 표방하면서, 판사가 피의자신문조서를 중심으로 증거를 살펴본 후 서류를 중심으로 유죄냐 무죄냐를 판단하던 이른바 서류재판·조서재판은 조금씩 줄어들고 있지만 피의자신문조서는 여전히 중요한 증거로 사용되고 있고, 판사들이 피고인의 혐의사실을 인정할 것인지 아닌지를 판단하는 데 참고하고 있기 때문에, 피의자신문조서의 한 글자 한 구절 그리고 어감이나 전체적인 분위기는 유죄냐 무죄냐를 가를 수 있을 정도로 매우 중요한 서류이다. 따라서 피의자신문조서에 날인해 달라는 요구를 받았을 때 이를 허투루 검토하고 무턱대고 날인하는 것은 대단히 위험하다. 통상 2시간에서 4시간, 어떤 경우에는 그 몇 배의 시간 동안 조사를 받느라고 육체나 정신이 지치고 힘들더라도 피의자신문조서는 꼼꼼히 읽어보아야 한다.

2007년에 개정된 「형사소송법」은 수사기관은 "피의자신문조서를 피의자에게 열람하게 하거나 읽어 들려주어야 하며, 진술한 대로 기재되지 아니하였거나 사실과 다른 부분의 유무를 물어 피의자가 증감 또는 변경의 청구 등 이의를 제기하거나 의견을 진술한 때는 이를 피의자신문조서에 추가로 기재하여야 한다"고 규정하여, 피의자가 피의자신문조서를 정정하거나 변경할 수 있는 권리를 인정하고 있다. 심지어 자신이 말한 것과 뉘앙스가 다르게 기재되어 불리하다고 생각하거나 찜찜한 부분이 조금이라도 있다면 부담 없이 꼭 수정을 요구해야 한다.

수사기관은 피의자의 혐의사실에 관해 필요한 사항 외에도 피의자에게 이익되는 사실을 진술할 기회를 주어야 한다(「형사소송법」 제242조). 따라서 자백하거나 유죄가 확실한 경우에도 재판에서 형을 선고받을 때 선고형을 줄이기 위하여, 양형에 참작할 수 있는 요소를 포함하여 자신에게 유리한 부분을 조사받는 처음부터 진술해서 조서에 남기거나 수정할 때 꼭 추가하도록 하는 것이 좋다. 일반적으로 피고인에게 유리하게 참작되는 양형에 대한 참작 요소로는 자수나 자백, 우발적 범행이나 소극적 가담, 진지한 반성, 동종 전과가 없는 것, 고령이나 건강악화, 많은 부양가족, 피해자와의 합의나 피해자의 처벌불원, 사실상 피해가 없는 사실 등을 들 수 있다. 이러한 요소가 있으면 수사 기관에 적극적으로 진술하고 피의자신문조서에도 기재되도록 수정을 요구하는 것이 좋다.

조서에 지문을 날인한 뒤 수정을 요청할 수 있을까? 피의 자신문조서를 읽고 지문을 날인한 뒤 재차 수정할 부분을 발견한 경우에는 그 자리에서 재수정을 요청할 수 있다. 그런데 수사관들은 피의자가 조서에 날인하고 나면 바로 조서를 가져가 기록에 편철하므로, 지문을 날인하기 전에 조서를 꼼꼼히 읽어보고 수정하는 것이 가장 좋다.

날인거부도 가능

수사관은 수사를 마치면 피의자에게 피의자신문조서에 성명을 기재하고 도장이 있으면 도장을, 도장이 없으면 지문을 날인하라고 한다. 수사를 받을 때 도장을 지참해 갔더라도 도장대신 지문을 날인하도록 하는 경우가 허다하다. 도장은 다른 사람이 얼마든지 만들어낼 수 있지만 지문은 그렇지 않으므로, 지문을 찍었다 하면 본인이 본인의 자유로운 의사로 찍었다는 것을 보여주려는 것이다.

　　그러면 지문날인을 거부할 수 있을까? 물론 거부할 수 있다. 경찰청 훈령 제57호 「범죄수사규칙」 제23조 제5항은 "피의자 신문조서와 진술조서는 진술자로 하여금 간인한 후 기명날인 또는 서명하게 한다. 다만 진술자가 기명날인 또는 서명을 할 수 없거나 이를 거부할 경우, 그 사유를 조서 말미에 기재하여야 한다"고 규정하고 있다. 피의자가 지문날인을 거부할 수 있음을 전제로 한 것이다. 지문날인을 거부하였다면 경찰이 그때까지 작성한 피의자신문조서는 증거로 사용할 수 있을까? 피의자가 날인을 하지 않으면 그 상태의 피의자신문조서는 피의자신문조서로 아무런 쓸모가 없고, 피의자에 대하여는 피의자가 조서에 날인하는 것을 거부하였다는 수사기관의 진술만 기재된 서류일 뿐이다. 때문에 피의자신문조서가 자신이 실제 진술한 것과 상당히 다른 내용으로 작성되어 있거나 자신에게 상당히 불리한 뉘앙스를 포함하고 있다면, 날인을 거부하는 것도 피의자의 대응 방법 중 하나다.

7.
수사 과정에서 피의자인
여성·장애인·소년의 권리보호

여성의 권리

형사절차에는 여성을 위한 다양한 보호규정이 있다. 여성 사건을 수사함에 있어서는 여성의 특성에 비추어 되도록 다른 사람의 이목을 끌지 아니하는 장소에서 온정과 이해를 가지고 부드러운 어조로 조사하여야 하며, 그 심정을 상하지 아니하도록 유의하여야 한다. 또한 되도록 구속을 피하고 부득이하게 구속 또는 동행하는 경우에는 그 시기와 방법에 관하여 특히 주의를 하여야 한다(「수사준칙」제65조).

한편 여성에 대한 신체검사를 할 때는 동성(同性)의 유치인 보호관이 하여야 하며, 신체검사로부터 지득한 사실을 누설하지 않아야 한다. 또한 경찰관서의 장은 여성 유치인의 정서적·생리적 특성 등을 고려하여 유치실 구조·시설 등을 개선토록 하여야 하며, 성적 소수자인 유치인에 대하여는 당사자가 원하는 경우 독거수용 등의 조치를 취해야 한다(「인권보호를 위한 경찰관 직무규칙」 제78조, 제80조).

> **사례 4**
>
> 홍련 씨는 촛불집회에 참여하였다가 서울 마포경찰서로 연행된 후 유치장에 입감되었다. 입감할 때 남성 경찰이 자해 등의 위험이 있으므로 브래지어를 벗으라고 여성들에게 요구하였고, 홍련 씨는 이에 항의했지만 재차 절차상 규칙이라고 하며 요구하여 브래지어를 벗어야 했다. 홍련 씨는 여름철이라 얇은 옷과 목이 넓은 상의를 입었으므로 유치되어 있던 48시간 동안 가슴이 비치거나 허리를 숙일 경우 가슴이 노출될까 봐 신경을 써야 했고, 남자 경찰관에게 조사를 받을 때 브래지어를 착용하고 있지 않은 것을 보이지 않기 위해 노력해야 하는 등, 이 과정에서 성적 수치심과 모멸감을 느꼈다.

경찰청 훈령인 「피의자유치 및 호송규칙」 제8조에 따르면 피의자를 유치장에 입감할 때 담당 경찰관서는 피의자의 소지품을 검사하고, 피의자의 신체·의복·소지품 등을 검사할 때는 동성의 유치인 보호관이 실시하여야 한다. 따라서 남성 경찰관이 홍련 씨에게 브래지어 탈의를 요구한 것은 경찰청 훈령 위반이다. 또 경찰은 신체나 소지품을 검사하면서 제출받거나 발견한 위험한 물건 또는 현금이나 유가증권 등의 소지품을 출감할 때까지 보관할 수 있다. 유치된 사람들의 안전과 유치장 내의 질서를 유지한다는 것을 목적으로 내세우고 있다.

위 규칙은 위험한 물건의 하나로 '혁대, 넥타이, 구두끈, 안경, 금속물 그 밖의 자살에 사용될 우려가 있는 물건'을 들고 있는데(「피의자유치 및 호송규칙」 제9조 제1항 제1호), 문제는 브래지어가 '위험물'인가 하는 점이다.

위 사례에서 경찰은 브래지어가 '그 밖의 자살에 공용될 우려가 있는 물건'이라며 반드시 이를 제출받아 유치 기간 중 보관해야 한다고 주장하였다. 유치된 피의자가 브래지어를 사용하여 목을 매 자살할 수 있다는 것이다. 그러나 브래지어가 위 규칙상의 '혁대, 넥타이, 금속물'에 들어가지 않음은 명백하고, '그 밖의 자살에 사용될 우려가 있는 물건'에 해당된다고 볼 수도 없다. 우리나라는 유치장 안에서 브래지어를 이용한 자해나 자살 사례가 없었고, 홍련 씨와 같이 「집회 및 시위에 관한 법률」이나 「도로교통법」 위반이 문제되어 연행된 사람들은 48시간 이내에 구금에서 풀려나기 때문에 자살할 이유가 있다고 판단되지도 않는다.

위 사례는 실제 있었던 일인데 국가인권위원회는 브래지어를 이용하여 목을 매서 사망할 가능성이 없다고 단정하기는 어렵다고 판단하면서도, 브래지어를 탈의하게 한 후 아무런 보완조치 없이 약 48시간 동안 홍련 씨와 같은 피해자를 방치한 것은 헌법 제10조의 인격권을 침해한 것이라고 보았다. 브래지어를 벗어도 다른 방법으로 가릴 수 있도록 하는 등의 보완조치를 강구하고, 그 내용이 포함되도록 관련 규정을 개정해야 한다고 본 것이다. 그러나 이 사례 이후에도 위 경찰청 훈령은 전혀 개정되지 않았다. 비록 여성 경찰관들이 신체검사를 하였지만 브래지어 탈의를 요구하여 피의자들로부터 이를 제출받은 사안에서 당시 입감된 여성 네 명은 국가를 상대로 손해배상청구소송을 제기하였는데, 법원은 당시 경찰관들의 조치가 자살 예방을 위해 필요한 최소한도의 범위 내에서 이루어지거나 여성의 기본권이 부당하게 침해되는 일이 없도록 충분히 배려한 상당한 방법으로 이루어진 것이 아니므로 위법하다며 여성 네 명에게 각 150만 원씩을 지급하라고 판결하였고, 국가는 이 판결에 대하여 대법원에 상고하였지만 대법원은 원심판결이 정당하다고 판결하였다(대법원 2013. 5. 9. 선고 2013다200438 판결).

장애인의 권리

수사기관은 사법·행정절차 및 서비스를 장애인이 장애인 아닌 사람과 실질적으로 동등한 수준으로 이용할 수 있도록 제공하여야 하며, 이를 위하여 정당한 편의를 제공하여야 한다. 이를 위해 경찰관은 장애인을 상대로 수사를 할 때는 수사 전에 장애인 본인 또는 관련 전문기관으로부터 장애 유무 및 등급 등을 미리 확인하고 장애 유형에 적합한 조사 방법을 선택하여 실시하여야 한다.

장애인이 사법·행정절차 및 서비스에 참여하기 위하여 장애인 스스로 인식하고 작성할 수 있는 점자자료, 인쇄물음성출력기기, 수화통역, 대독, 음성지원시스템, 컴퓨터 등 정당한 편의 제공을 요구할 경우 이를 거부하거나 임의로 집행함으로써 장애인에게 불이익을 주어서는 안 된다. 또한 장애인이 형사사법 절차에서 보호자, 변호인, 통역인, 진술 보조인 등의 조력받기를 신청할 경우 정당한 사유 없이 이를 거부하여서는 안 되며, 조력받을 권리가 보장되지 아니한 상황에서의 진술로 인하여 형사상 불이익을 받지 아니하도록 필요한 조치를 하여야 한다. 정신적 장애 또는 언어장애로 인해 의사소통에 어려움이 있는 장애인을 조사할 때는 의사소통이 가능한 보조인을 참여시켜야 하며, 이해관계가 상충되는 장애인들이 관련된 사건은 각이해 당사자마다 1인 이상의 보조인 참여를 원칙으로 한다.

한편 장애인이 인신구금·구속 상태에 있어서 장애인 아닌 사람과 실질적으로 동등한 수준의 생활을 영위할 수 있도록 정당한 편의 및 적극적인 조치를 제공하여야 하고, 교정·구금시설의 장은 장애인의 장애 유형 및 상태를 고려하여 교정·구금시설에서 계구를 사용하거나 고충 상담, 교도작업 또는 직업능력개발훈련을 실시할 수 있다(「장애인차별금지 및 권리구제 등에 관한 법률」(이하 「장애인차별금지법」) 제26조, 「형사소송법」 제244조의5, 「인권보호를 위한 경찰관 직무규칙」 제75조).

> **사례 5**
>
> 심청 씨는 수원역 부근에서 발생한 영아유기치사사건 수사 과정에서 용의자로 지목되어 경찰에게 체포당했다. 심청 씨는 미성년자이고 여성이며 정신지체 2급 장애인이었음에도 불구하고, 변호인이나 보호자의 동석 없이 피의자를 강압 수사하여 허위 자백을 하게 하였다(국가인권위원회 2008. 12. 10.자 07진인3887 결정 참조).

장애인이 형사절차상 피의자나 피고인이 되면, 유치장이나 구치소에서 기본적인 생리현상을 원활하게 해결할 수 없어서 심리적으로 불안하고 위축될 수 있다. 그리고 경찰이나 검찰 등 수사기관과 의사소통이 원활하지 않아 방어권이 약화될 수 있다. 「장애인차별금지법」은 이런 경우를 예상하여 장애인이 형사사법 절차에서 정당한 조력과 편의를 제공받아 형사상 불이익을 받지 않을 수 있도록 규정하였다.

위 사례에서 정신지체 장애인인 심청 씨를 체포한 경찰관은 수사 전에 장애 유무 및 등급 등을 미리 확인해서 적합한 조사 방법을 선택했어야 한다(「인권보호를 위한 경찰관 직무규칙」 제75조 제1항). 심청 씨는 사회생활을 영위하는 데 보호자의 보호감독이 필요한 상태이므로, 경찰은 심청 씨의 진술을 받을 때도 보호자가 참여할 수 있도록 하였어야 한다(「인권보호를 위한 경찰관 직무규칙」 제75조 제2항). 만약 심청 씨가 스스로 이를 신청하였다면, 경찰은 정당한 사유 없이는 그 신청을 거부할 수 없다(「장애인차별금지법」 제26조 제6항). 보호자 동석 없이 장애인만을 상대로 수사가 이루어졌다면, 경찰은 보호자를 동석시켜 다시 조사하거나 검증하는 절차를 거쳐야 한다.

소년의 권리

경찰관이 소년을 수사할 때는 처벌보다 지도, 육성, 보호가 우선임을 명심하여야 한다. 소년의 심리·생리·성행·환경·기타 비행의 원인 등을 이해하고 수사에 임하여야 하며, 되도록 구속을 피하고 부득이 체포·구속을 하는 경우에는 그 시기와 방법에 대하여 신중을 기하여야 한다. 또한 소년사건을 수사함에 있어서는 소년의 특성에 비추어 되도록 다른 사람의 이목을 끌지 아니하는 장소에서 온정과 이해를 가지고 부드러운 어조로 조사하여야 하며, 그 심정을 상하지 아니하도록 유의하여야 한다(「수사준칙」 제59조부터 제64조까지. 「인권보호를 위한 경찰관 직무규칙」 제73조).

청소년 몽룡 씨는 절도혐의로 경찰 수사의 대상이 되었는데, 경찰관이 몽룡 씨를 임의동행 형식으로 연행하는 과정에서 보호자인 부모에게 연락을 하지 않았고, 경찰서에서 피의자신문 등 실제 수사를 진행하고 있음에도 불구하고 아무런 연락을 취하지 않았다. 또한 뒤늦게 연락을 받고 조사 과정에 동참한 부모에게 나가라고 요구하여 결국 부모의 입회 없이 조사가 진행되기도 하였다. 그리고 이러한 일련의 수사를 소년사건 전담부서가 아니라 일반 강력반 소속 경찰관이 수행하였다(국가인권위원회 2005. 6. 21.자 04진인3707 결정. 동 위원회 2005. 9. 15.자 04진인4595 결정 참조).

소년(만 19세 미만인 자)의 경우 성년과 달리 자신의 의사를 자유롭게 표시하거나 법률적 의미를 완전히 이해할 능력이 부족하므로 형사절차에 있어 여러 가지 배려를 할 필요가 있다. 특히 소년이 자신이 처한 상황을 정확하게 이해하고 적절한 방어권을 행사하기 위해서는 부모 등 보호자로부터 도움받을 수 있는 권리를 보장하는 것이 무엇보다 중요하다(국가인권위원회 2005. 6. 21.자 04진인3707 결정).

따라서 모든 국민에게 보장되는 변호인의 조력을 받을 권리를 주장할 수 있는 것 외에, 소년사건의 특수성을 반영하여 마련된 각종 수사규칙에 따라 그 보호자는 수사 과정에 참여할 수 있음을 주장할 수 있다. 즉 「범죄수사규칙」 제211조에 따르면 경찰관은 소년 피의자에 대한 출석요구나 조사를 할 때는 그 소년의 보호자나 이에 대신할 자에게 연락하여야 한다. 또 소년 사건의 특수성을 고려하여 마련된 「소년업무 처리규칙」 제8조에 따르면 경찰관이 소년 또는 그 보호자를 소환할 때는 보호자의 이해와 협조를 얻어야 하고, 소년의 학교 또는 직장에서 공공연하게 소환하는 일은 가급적 피해야 하며, 소년 또는 보호자가 요청할 때는 경찰관서에 소환하지 않고 경찰관이 직접 가정·학교 또는 직장을 방문하여야 한다. 그리고 위 규칙에 의하면 경찰관이 소년 또는 그 보호자를 면접함에 있어서는 부득이한 경우를 제외하고는 그 소년의 보호자 또는 적당하다고 인정되는 자의 입회하에 이를 실시하여야 한다.

그러므로 위 사례에서 몽룡 씨와 그 보호자는 몽룡 씨가 임의동행 형식으로 연행될 때와 경찰서에서 피의자신문 등 실제 수사를 받을 때, 그 보호자인 부모 등에게 연락이 취해지지 않았다는 점을 이유로 부당한 수사임을 주장할 수 있다. 그에 앞서 현실적으로는 어려운 점이 있지만, 위 각각의 과정에서 몽룡 씨가 보호자에 대한 연락을 요구할 수 있었음은 물론이다. 그리고 경찰관이 수사를 위해 몽룡 씨를 면접하려고 할 때 보호자인 그 부모 등은 그곳에 입회할 수 있으므로, 경찰서에 동행하고 있던 몽룡 씨의 부모에게 나가라고 한 것 또한 부당한 수사이다.

아울러 소년사건의 경우에는 그 특수성을 이해하고 있는 여성·청소년계 또는 소년업무 취급부서 등 전담부서에서 수사를 진행하도록 함이 일반상식에 부합한다. 「소년업무 처리규칙」 제3조에서도 이를 명백히 하고 있다. 그러므로 몽룡 씨와 그 보호자는 몽룡 씨에 대한 수사를 소년사건 전담부서에서 맡아달라고 주장할 수 있다.

📝 참고 소년보호사건이란?

소년보호사건이란 10세 이상 19세 미만의 소년이 범죄나 비행을 저지른 경우에, 소년의 환경을 변화시키고 소년의 성품과 행동을 바르게 하기 위한 보호처분이 필요하다고 인정되는 사건을 말하고, 이러한 사건을 처리하는 재판을 소년보호재판이라 한다.

경찰서장, 검사, 법원 등은 10세 이상 19세 미만의 소년이 범죄 또는 비행을 저지른 사건을 가정법원 소년부 또는 지방법원 소년부에 송치할 수 있고, 비행소년을 발견한 소년의 보호자나 학교장, 사회복지시설의 장, 보호관찰소장 등은 수사기관 등을 거치지 않고 가정법원 소년부에 이를 직접 통고할 수 있다. 「소년법」상 소년보호사건은 소년 중 ① 죄를 범한 범죄소년(이른바 범죄소년) ② 형벌 법령에 저촉되는 행위를 한 10세 이상 14세 미만의 소년(이른바 촉법소년) ③ 집단적으로 몰려

다니며 주위 사람들에게 불안감을 조성하는 성벽이 있거나, 정당한 이유 없이 가출하거나, 술을 마시고 소란을 피우거나 유해환경에 접하는 성벽이 있는 자가 그의 성격 또는 환경에 비추어 앞으로 형벌 법령에 저촉되는 행위를 할 우려가 있는 10세 이상인 소년(이른바 우범소년)을 대상으로 한다.

소년보호사건이 접수되면 가정법원 소년부는 소년사건에 대하여 소년부 전담 조사관으로 하여금 소년의 범행·환경 등에 대하여 조사하도록 한 다음, 그 조사 보고 등에 기초하여 심리하는 것을 원칙으로 한다. 또한 소년부는 조사 또는 심리를 할 때 정신과의사·심리학자·사회사업가·교육자나 그 밖의 전문가의 진단, 소년분류심사원의 분류심사 결과와 의견, 보호관찰소의 조사 결과와 의견 등을 고려하기 위하여 전문가의 진단 등을 의뢰할 수 있다.

소년보호재판 절차에서 소년은 보조인을 선임하여 도움을 받을 수 있다. 보조인은 소년의 정당한 이익을 옹호하고 적정한 심리·처우 결정을 위하여 활동하는 사람이다. 보조인의 자격에는 제한이 없지만, 보호자나 변호사 이외의 사람을 보조인으로 선임할 때는 소년부 판사의 허가를 받아야 한다.

소년부 판사는 심리를 마친 후 소년에게 적당한 보호처분을 할 수 있다. 소년보호처분에는 보호자 또는 보호자를 대신하여 소년을 보호할 수 있는 사람에게 감독과 보호를 맡기는 처분, 수강명령, 사회봉사명령, 보호관찰관의 단기·장기 보호관찰을 받도록 하는 처분, 아동복지시설, 병원, 요양소, 소년원 등에 위탁 또는 송치하는 처분 등이 있다. 보호관찰 처분을 하는 경우에는 대안교육 또는 소년의 상담·선도·교화와 관련된 단체나 시설에서 상담·교육을 받도록 하고, 야간 등 특정 시간대의 외출을 제한하는 명령을 할 수 있다. 또한 소년부 판사는 가정 상황 등을 고려하여 필요하다고 판단하면 보호자에게 소년원·소년분류심사원 또는 보호관찰소 등에서 실시하는 소년의 보호를 하는 특별교육을 받으라고 명할 수도 있다.

제5장

위법한 수사에 대한 대응

누구도 자기가 원해서 피의자가 되고 수사를 받는 사람은 없다. 수사기관이 나를 '피의자'라 하면서 조사를 하면 어쩔 수 없이 수사를 받게 된다. 수사기관은 나를 오라 가라 불러서 꼬치꼬치 캐물을 수 있고, 압수·수색을 실시할 수도 있고, 구속하고 처벌할 수도 있다. 수사기관에 그런 권한을 준 것은 이들이 법에 따라 적법하고 공정한 수사를 할 것을 전제로 한 것이다. 그런데 수사를 하는 경찰이나 검찰이 법을 어기고 위법한 수사를 한다면 어떻게 될까?

역사적으로 오랜 기간 공권력은 막강한 힘을 행사해왔던 터라, 사람들 사이엔 '나라를 상대로 권리 주장을 했다간 본전도 못 뽑는다'는 인식이 아직도 뿌리 깊게 남아 있다. 그러나 시민이 공권력에 대해 위축되지 않고 당당하게 권리를 행사할 수 있을 때 비로소 민주주의와 법치주의가 보존될 수 있다. 위법한 수사로 피해를 입는 것은 본인이므로 무엇보다 자신을 지키기 위해서 위법한 수사에 대한 대응이 필요함은 물론이고, 사회의 다른 구성원 나아가 미래 세대를 위해서도 이를 바로잡는 것은 중요한 일이다. 이번 장에서는 위법한 수사로 피해를 입었을 때의 법적 대응 방법으로 어떤 것이 있으며, 무엇을 준비해야 하는지 살펴보겠다. 또 위법한 수사로 만들어진 증거에 대해 어떻게 대응할 수 있는지도 알아보겠다.

1.
위법한 수사에 대한 국가배상청구

사례 1

재일교포 서준철 씨는 일본에서 태어나 일본에서 대학을 다니다가, 자신의 뿌리를 찾고 싶은 마음에 1973년경 서울대학교에 편입하여 공부하였고 졸업 후에는 일본으로 돌아가 일본 회사에 취직하였다. 준철 씨는 회사 출장으로 1982년 한국에 들어왔다가 당시 보안사령부 소속 수사관에게 영장 없이 체포되어 23일간 보안사에 구금된 상태에서 고문을 당하였고, 고문에 못 이겨 북한공작지도원의 지령을 받고 한국에 유학을 가장하여 침투해서 간첩행위를 했다고 허위 자백을 하였다. 결국 준철 씨는 1983년에 대법원에서 유죄판결이 확정되었다. 세월이 한참 흐른 뒤 국가기관인 진실화해를 위한 과거사정리위원회가 이 사건을 조사한 결과 준철 씨에 대한 보안사령부의 불법감금과 고문사실이 확인되었고, 준철 씨는 법원에 재심을 청구하여 결국 무죄판결을 받았다.

국가배상제도란? – 공무원의 위법행위는 국가가 책임지라

누군가 다른 사람의 위법행위로 인해서 다치거나 죽거나 재산상 손해를 입거나 그 외에 정신적 고통을 당하면, 우리는 그 가해자에게 손해를 배상해달라고 소송을 건다. 법원은 가해자의 행위가 위법한지, 그로 인해 손해가 생긴 것인지, 손해액은 얼마인지 따져서, 손해가 인정되면 손해액을 계산해서 가해자가 피해자에게 돈으로 지급하도록 명령한다. 이러한 소송을 손해배상소송이라 한다. 손해배상소송은 손해가 발생하였는지, 발생하였다면 손해가 얼마인지를 결정하는 것이 목적이므로, 죄가 있는지 없는지를 따져 처벌할 것인지 여부를 결정하는 형사소송과는 그 목적과 절차가 다르다.

그런데 그 가해자가 수사관과 같은 공무원인 경우는 어떨까? 이때는 공무원의 불법행위에 대한 손해배상소송을 하는 방법을 특별히 법에 정해놓았다. 그 법이 「국가배상법」이다. 「국가배상법」 제2조 제1항에는 "국가나 지방자치단체는 공무원 또는 공무를 위탁받은 사인(이하 "공무원"이라 한다)이 직무를 집행하면서 고의 또는 과실로 법령을 위반하여 타인에게 손해를 입히거나, 「자동차손해배상 보장법」에 따라 손해배상의 책임이 있을 때에는 이 법에 따라 그 손해를 배상하여야 한다"고 되어 있다.

쉽게 말해서 공무원이 공무를 집행하면서 고의나 과실로 위법행위를 하였고, 그 결과 손해를 입은 경우에는 직접 국가로부터 배상 받을 수 있다는 것이다. 잘못은 공무원이 했는데 국가가 대신 책임을 진다는 것인가? 그렇다. 헌법 제10조는 "국가는 개인이 가지는 불가침의 기본적 인권을 확인하고 이를 보장할 의무를 진다"고 하여 국가의 국민보호의무를 정하고 있고, 헌법 제29조 제1항도 "공무원의 직무상 불법행위로 손해를 받은 국민은 법률이 정하는 바에 의하여 국가 또는 공공단체에 정당한 배상을 청구할 수 있다"고 못 박고 있다. 국가의 행위는 국가의 기관이라고 할 수 있는 공무원에 의해서 이루어지기 때문에, 그 공무원이 누구든 국가가 책임을 지라는 것이 헌법의 명령이다.

공무원의 신분에 따라서, 국가공무원의 불법행위에 대해서는 국가가 배상해야 하고 지방자치단체 공무원의 불법행위에 대해서는 지방자치단체가 배상해야 한다. 경찰·검찰은 국가공무원이므로 이들이 위법한 수사를 하면 국가가 책임을 져야 한다.

위법행위를 한 수사관 개인에게도 소송할 수 있나?

그러면 위법행위를 한 공무원, 우리의 경우 위법한 수사를 한 수사관 개인은 어떤 책임을 질까? 다시 헌법으로 돌아가 보면, 헌법 제29조 제1항 뒷부분은 "이 경우 공무원 자신의 책임은 면제되지 아니한다"고 정하고 있다. 그 구체적 의미는 「국가배상법」 제2조 제2항에서 정하고 있다. "공무원에게 고의 또는 중대한 과실이 있으면 국가나 지방자치단체는 그 공무원에게 구상(求償)할 수 있다"는 것이다.

사실 법률가들도 위 규정의 정확한 의미를 이해하기가 쉽지 않은데, 대법원까지 가서 그 의미를 두고 치열한 공방이 있었다. 결국 대법원이 정리한 입장은 이렇다(대법원 1996. 2. 15. 선고 95다38677 전원합의체 판결).

1) 국가(지방자치단체)의 책임

공무원의 위법행위에 대해 국가는 대외적으로 과실이 있든 없든 항상 피해자에게 배상책임을 져야 한다.

2) 공무원 개인의 책임

① 위법행위를 한 공무원 개인의 책임은 과실의 정도에 따라 다르다.

② 위법행위를 한 공무원의 과실이 가벼운 경우(경과실): 공무원의 행위는 국가의 행위로 간주되므로 책임은 전적으로 국가에게만 귀속되고, 공무원 개인은 피해자에 대해서든 국가에 대해서든 배상책임을 지지 않는다.

③ 위법행위를 한 공무원에게 고의나 중과실이 인정되는 경우: 공무원의 행위는 국가의 기관으로서의 행위로 볼 수 없지만, 그래도 국가는 공무원과 함께 피해자에게 책임을 져야 한다. 다만 공무원 개인도 피해자에게 책임을 국가와 함께 진다. 이때 국가가 피해자에게 배상을 한 후에 공무원 개인에게 그 배상액을 물어내라고 하면 공무원은 그 배상액을 국가에게 물어내야 한다.

3) 피해자의 권리

① 공무원이 경과실인 경우는 국가를 상대로만 소송을 할 수 있다.

② 공무원이 고의나 중과실인 경우는 국가나 공무원 개인 어느 쪽을 상대로 소송을 걸 수 있고 국가와 공무원 개인 모두에 대하여 함께 소송을 걸 수 있다(다만 같은 손해액에 대해 국가와 공무원이 연대해서 책임을 지는 것이기 때문에 배상액이 두 배가 되지는 않는다).

공무원의 잘못이 '고의 또는 중과실'이냐 '경과실'이냐에 따라 공무원 개인의 책임이 달라진다는 게 법원의 입장이다. 여기서 '중과실'은 '고의'에 준하는 수준의 중대한 과실을 말한다. 따라서 위법한 수사에 대하여 국가 외에 수사를 한 수사관 개인을 상대로도 국가배상소송을 걸려면 수사관이 '고의 또는 중과실'이 있었다는 점을 따로 증명해야 한다.

국가배상소송은 일반 민사소송(손해배상소송)과 어떻게 다른가?

우선 피고가 다르다. 일반 민사소송은 가해자가 피고가 되지만, 국가배상소송에서는 공무원이 누구든 국가나 지방자치단체를 피고로 삼으면 된다. 따라서 일반 손해배상소송에서는 가해자의 이름, 주민등록번호, 주소를 알아야만 소송을 할 수 있지만, 국가배상소송에서는 가해 공무원의 이름과 인적 사항, 직위를 몰라도 소송이 가능하다.

국가배상소송에서 승소할 경우 일반 손해배상소송보다 배상금을 지급받는 것이 훨씬 쉽다. 일반 민사소송에서는 가해자를 상대로 승소판결을 받아도 가해자가 알아서 돈을 주지 않는 경우가 많다. 그때는 압류나 경매 등 강제집행 절차를 따로 밟아야 하는데, 만약 가해자에게 압류할 재산도 없으면 판결을 받고도 돈을 받지 못할 가능성이 크다. 하지만 국가배상소송의 경우는 승소판결이 확정되면 특별한 경우가 아닌 이상 국가가 배상금을 곧 지급하기 때문에 따로 압류를 할 필요성은 크지 않다.

민사소송 중에 국가배상소송과 비슷한 것으로는 '사용자책임소송'이 있다. 회사 직원의 업무상 불법행위로 인하여 피해를 입으면 우리는 직원이 아닌 회사를 상대로 직접 손해배상소송을 할 수 있다. 회사는 직원을 고용하여 업무를 시킨 자이므로 대신 책임을 지게 한 것인데, 이를 '사용자책임'이라 부른다(민법 제756조). 그런데 회사는 무조건 책임지는 것은 아니고 '피용자의 선임 및 감독에 상당한 주의'를 하였다는 점을 증명하면 책임을 면할 수 있다. 국가배상책임은 이러한 회사의 사용자책임과도 다르다. 공무원의 위법행위와 그로 인한 손해발생이 인정되면 국가는 '무조건' 배상책임을 진다. 국가는 공무원에 대한 감독 책임을 다했다고 주장한다 해서 면책되지 않는다. 그래서 이를 '무과실책임'이라고 부른다.

국가배상소송에서 승소하려면

형사소송에서는 검사가 범죄를 증명해야 하고 민사소송에서는 원고가 주요한 청구 내용을 증명해야 한다. 국가배상청구도 민사소송이어서 원고가 중요한 내용을 주장하고 입증도 해야 한다. 승소를 위해서는 크게 아래 네 가지를 증명해야 한다.

첫째, 공무원이 공무집행과 관련하여 '위법한 행위'를 하였다는 점(위법행위)

둘째, 그것이 공무원의 고의 또는 과실에 의해 이루어졌다는 점(고의 또는 과실)

셋째, 그로 인해 손해가 발생하였다는 점(손해발생)

넷째, 그 손해가 불법행위 때문에 발생하였다는 점(인과관계)

여기서 가장 중요한 것은 공무원의 행위가 '위법한 행위'라는 점을 증명하는 것이다. 「국가배상법」 제2조 제1항은 이것을 '법령을 위반하여'라고만 표현하고 있어서, 법령을 위반한 행위만 위법행위로 인정되는 것처럼 써 있지만 그렇지 않다. 법원은 이를 '형식적 법령을 위반한 경우만을 말하는 것이 아니고, 인권존중·권력남용금지, 신의성실과 같이 공무원으로서 마땅히 지켜야 할 준칙이나 규범을 위반한 경우를 포함하여 널리 그 행위가 객관적인 정당성을 결여하고 있는 경우도 포함한다'고 넓게 해석하고 있다(대법원 2012. 7. 26. 선고 2010다95666 판결).

국가배상신청 제도와 국가배상소송

국가배상소송은 법원에 제기하는 것이기 때문에 비용이
들어간다. 법원에 인지대·송달료를 내야 하고, 변호사를 선임
하면 수임료도 내야 한다. 법원에 국가배상소송을 제기하기 전
에 법원이 아닌 행정기관 내에 설치된 '국가배상심의회'라는 기
관으로 국가배상을 신청하는 방법도 있다(「국가배상법」 제9조). 배상
심의회에 배상을 신청하여 별도의 비용을 들이지 않고 신속하
게 배상 받도록 하는 취지의 제도이다. 배상신청은 일반적인 경
우 각 고등(지방)검찰청에 설치된 배상심의회에 신청한다. 다만
군대 및 군인의 불법행위에 대해서 배상을 신청하는 경우는 지
역별로 일정 규모 이상의 부대에 설치된 배상심의회에 신청하
여야 한다. 배상심의회의 결정에 불복할 경우, 법원에 다시 국
가배상소송을 제기할 수 있다.

종전에는 국가배상을 청구하기 위하여 법원에 소송을 제기
하려면, 반드시 사전에 국가배상심의회에 국가배상을 신청하여
야 했다. 사전에 반드시 신청 절차를 거쳐야 한다고 해서 이를
'필수적 전치제도'라고 불렀다. 그러나 배상액수나 기준도 법원
이 인정하는 기준보다 낮고 배상신청이 인정되는 경우도 많지
않아 국민에게 불필요한 수고를 안겨준다는 비판이 있었다. 이
런 점을 고려하여 이제는 배상신청을 먼저 하지 않고도 곧장 법
원에 국가배상소송을 할 수 있도록 「국가배상법」이 개정되었다.

국가배상심의회에 배상신청을 먼저 할 것인지 여부는 사안별로 판단하게 되는데, 변호사와 상의를 하는 것이 좋다. 특히 위 준철 씨 사례와 같이 국가배상의 이유가 수사기관의 불법행위일 경우는 국가배상심의회에 배상신청을 하는 것은 그리 유리할 것이 없으며 곧바로 법원에 국가배상소송을 제기하는 것이 나을 것이다. 요즘은 대개 배상신청 절차를 거치지 않고 직접 국가배상소송을 제기하는 것이 관행이다.

알다가 모를 '소멸시효'

누군가에게 '돈을 받을 권리'가 있는 사람을 '채권자'라고 하는데, 채권자는 자신의 채권을 천년만년 행사할 수 있는 것이 아니다. 법은 권리관계의 안정을 위해서 일정한 기간 채권(청구권)을 행사하지 않으면 권리가 소멸되어서 행사를 하지 못하도록 정해두었다. 이것을 '소멸시효'라고 부른다.

📝 참고 소멸시효란?

손해배상청구권, 대여금채권 등 금전을 받을 권리를 가진 채권자와 같이 다른 사람에 대하여 권리행사를 할 수 있는데도, 일정한 기간 동안 권리를 행사하지 않으면 그 권리를 소멸시키는 제도를 말한다. '권리 위에 잠자는 자는 보호받을 수 없다'는 생각에 기초한 것이다. 권리마다 소멸시효 기간이

다른데 일반채권은 10년, 손해배상채권은 3년과 같이 법에 기간이 정해져 있다.

국가배상청구권도 당연히 소멸시효가 있다. 국가배상청구권도 일반적인 손해배상청구권의 일종이기 때문에 기본적으로는 일반 손해배상청구권의 소멸시효에 따라 정해진다(「국가배상법」 제8조). 일반적인 손해배상청구권의 소멸시효는 민법에서 다음과 같이 정하고 있다.

민법 제766조(손해배상청구권의 소멸시효)

① 불법행위로 인한 손해배상의 청구권은 피해자나 그 법정대리인이 그 손해 및 가해자를 안 날로부터 3년간 이를 행사하지 아니하면 시효로 인하여 소멸한다.
② 불법행위를 한 날로부터 10년을 경과한 때에도 전항과 같다.

말뜻을 알 것 같으면서 모르겠는데, 복잡한 얘기 빼고 그 말을 정리하면 이런 뜻이다.

① 불법행위를 당한 피해자는 '손해 및 가해자를 안 날'부터 3년 내에 권리를 행사해야 한다.
② '손해 및 가해자를 안 날'이란 보통은 불법행위가 있었던 날을 말한다.

그런데 불법행위가 발생한 때는 '손해 및 가해자'를 알지 못하였다가 나중에 알게 된 경우도 있다. 그때는 알게 된 때부터 계산해서 3년 내에 권리를 행사해야 한다.

③ 그러나 어떠한 경우에도 불법행위가 있었던 날부터 10년을 넘기면 소멸시효가 지나서 권리가 없어진다.

즉 '손해 및 가해자를 안 날부터 3년 내' '불법행위가 있었던 날부터 10년 내'라는 두 가지 중 어느 하나만 지나도 시효가 완성되어 권리행사가 불가능하다는 뜻이다. 그런데 「국가재정법」이라는 법에 국가에 대한 채권이나 채무의 소멸시효 기간을 5년이라고 따로 정해두었다. 최종 정리를 하자면, 결국 국가배상청구는 손해 및 가해자를 안 날부터 3년 내에 행사해야 하고, 아무리 늦어도 사건이 발생한 날부터 5년 안에만 행사할 수 있다는 말이 된다.

「국가재정법」 제96조(금전채권·채무의 소멸시효)

① 금전의 급부를 목적으로 하는 국가의 권리로서 시효에 관하여 다른 법률에 규정이 없는 것은 5년 동안 행사하지 아니하면 시효로 인하여 소멸한다.

② 국가에 대한 권리로서 금전의 급부를 목적으로 하는 것도 또한 제1항과 같다.

같은 손해배상채권인데도 채무자가 국가라는 이유로 권리를 행사할 수 있는 기간, 즉 소멸시효 기간이 줄어들게 되는 셈이다. 이는 형평성에 반한다는 비판이 많지만 아직까지 법원과 헌법재판소는 국가를 개인과 달리 대우할 이유가 있으므로 문제되지 않는다는 태도를 취하고 있다. 어쨌든 위 기간은 '무조건' 지켜야 한다. 위 기간이 지나서 국가배상청구를 하면 아무리 위법행위를 증명해도 법원은 '쿨하게' 청구를 기각해버린다.

여기서 의문이 생긴다. 피해자가 책임질 수 없는 사정으로 기간 내에 소송을 못한 경우에도 모두 소멸시효가 지났다고 국가가 책임을 면하는 것이 정당한가? 예를 들어 1950년 한국전쟁 당시 국가가 양민을 학살한 '보도연맹사건' 같은 경우, 유족들은 정확히 누가 어떻게 가족을 죽였는지 알 도리가 없었고, 국가에서도 이를 철저히 숨겼다가 2000년대 후반 과거사위원회 조사를 통해서야 학살사실과 가해자, 피해자가 비로소 확인되었다. 학살당한 날부터 5년 내에 국가배상소송을 하지 않았다고 국가를 면책시킬 수는 없는 일이다. 위 사례의 준철 씨와 같이 1982년 수사관에 의해 불법감금되어 고문을 받아 허위자백을 하고 결국 유죄를 받아 오랜 기간 감옥에 수감된 사람 역시 재심을 통해서 최종적으로 무죄를 받기 전에는 국가배상소송을 할 수 없는 게 당연한 것이다. 이런 경우에 가해자인 국가가 나서서 '소멸시효가 지났다'고 주장하는 것은 '소멸시효'에 대한 권리를 남용하는 것이 되어서 허용될 수 없고 배상책임을 져야 한다. 이것이 법이 추구하는 정의이고, 비단 정의라는 개념을 끌어들이지 않더라도 법을 떠나 상식이다. 대법원 2013. 5. 16. 선고 2012다202819 전원합의체 판결도 이러한 상식적 법리를 확인하여 국가의 소멸시효 완성 주장을 배척한 바 있다.

그런데 법원은 최근 들어 위와 같이 자신이 책임질 수 없는 사정으로 오랜 기간 국가배상을 청구하지 못했던 피해자들의 정당한 권리를 조금씩 줄여가는 판결을 내놓고 있다. 손해배상금을 줄 때 이자는 불법행위일부터 계산해서 주는 게 당연한 것이고 법원도 수십 년 동안 그렇게 판결해왔는데, 법원은 불법행위 시부터 오랜 시간이 지난 사건은 배상액이 너무 늘어난다면서 불법행위 시부터 법원이 재판의 심리를 마치는 변론종결일까지는 국가가 지연이자를 지급할 필요가 없다고 판결해버렸다(대법원 2011. 7. 21 선고 2011재다199 전원합의체 판결). 학살당한 피해자의 손해액을 계속 줄이고 있고, 가족이 학살당한 사실을 목격하는 게 불가능했던 피해자들에게 다른 일반소송과 같이 모든 불법행위사실을 증명하라고 요구하고 있다. 게다가 권리행사를 할 수 없는 사정이 없어진 때(재심의 경우, 재심에서 무죄판결이 확정된 때)부터 일반적인 소멸시효가 진행되는 게 아니라면서, 재심 무죄판결을 받은 때부터 6개월 내에 소송을 하지 않으면 다시 소멸시효가 지나 소송을 할 수 없다는 판결도 내린다(대법원 2013.

12. 12. 선고 2013다201844 판결). 국가의 존재 의의를 무색하게 하는 납득할 수 없는 판결이다.

국가배상청구의 손해배상액

손해배상소송에서 손해의 종류는 크게 소극손해와 적극손해, 위자료로 구성된다. 피해자는 각각의 손해액을 입증해서 합산한 금액을 받게 된다(물론 이득은 공제하며, 피해자도 일부 잘못이 있다면 과실상계라 해서 비율만큼 깎는다).

소극손해는 위법행위가 없었다면 피해자가 누릴 수 있었던 것을 잃게 됨으로 인해 생긴 손해이다. 예를 들어 다치거나 구속되어서 일할 수 없었던 기간의 소득상실액 같은 것이다. 소극손해는 사망하거나 불구가 되어 일할 수 없게 된 경우, 그 전에 있었던 소득과 일할 수 있는 기간(가동 기간), 노동력을 상실한 정도(노동력상실률)를 종합하여 산정한다. 소득은 피해자가 입증해야 하고, 가동 기간은 각 직업마다 법원이 일정한 기준을 정하고 있으며, 노동력상실률은 각 장해별로 노동능력 상실률을 정해놓았는데 구체적으로는 의사의 감정을 통해서 확인한다.

적극손해란 위법행위로 직접 발생한 여러 손해를 통틀어 일컫는 것이다. 가해행위로 인해 발생한 치료비, 개호비(몸이 불편한 사람을 위한 돌봄 노동자의 비용), 수리비 등이 있다. 여기서 치료비는 병원에 지급한 영수증으로 확인하고, 개호비는 병원의 신체감정 결과에 따라 산정되고, 수리비 등은 영수증을 통해 입증하므로 객관적인 증거를 제출하는 게 중요하다.

문제는 위자료이다. 위자료는 정신적 손해를 금전으로 환산하여 산정하는 것이기 때문에 미리 정해진 객관적 기준을 생각하기 어렵다. 그래서 개별 사건마다 법원이 재량으로 위자료 액수를 정할 수밖에 없다. 대법원은 위자료 산정 시에 '피해자의 연령, 수입, 사회적 지위, 재산 및 생활상태, 피해로 입은 고통의 정도, 피해자의 과실 정도 등 피해자 측 사정에 가해자의 고의·과실의 정도, 가해행위의 동기·원인, 가해자의 재산상태·사회적 지위·연령, 사고 후의 가해자의 태도 등 가해자 측의 사정을 함께 참작'해서 정한다고 한다(대법원 2009. 12. 4. 선고 2007다77149 판결 등).

한편 「국가배상법 시행령」에는 위자료액 기준표를 정해놓았다. 시행령의 위자료 기준표에 따르면, 피해자가 사망한 경우 사망자 본인 2000만 원, 배우자는 사망자의 2분의 1, 부모와 자녀는 사망자의 4분의 1로 되어 있어 통상적인 생각에 비추어 매우 낮다. 그러나 위 기준은 실제 소송에서는 큰 기준이 되지는 못한다. 법원도 역시 위 기준은 하나의 기준을 정한 것에 지나지 않고 그 범위로 배상액의 상한을 제한한 것은 아니라고 한다.

2.
수사관에 대한 형사고소(고발)

사례 2-1

수요일 저녁 남편과 데이트 약속이 있어서 오랜만에 종로로 나선 상미 씨는 광화문 교보문고 앞에서 남편을 기다리고 있었다. 이때 촛불을 든 시위대가 전경에게 둘러싸여 있었다. 경찰과 전경은 시위대를 완전히 봉쇄한후 확성기로 해산명령을 하였다. 사람이 채 빠져나갈 시간도 없이 경찰은곤봉과 주먹으로 구타하며 포위된 사람들을 연행하였다. 그중 한 사람이 "왜 나가지도 못하게 하고 무작정 잡아가느냐"고 항의하였으나 묵살되었다. 보고 있던 상미 씨는 전경에게 이를 항의하였는데, "이 사람도 잡아가라"는 현장책임자의 말과 함께 곤봉으로 맞으며 인근 경찰서로 연행되었다. 상미 씨는 '미란다 원칙'도 고지받지 못했고 연행 과정에서 안경이 부서지고 이마에 타박상을 입었다. 게다가 다음 날 회사에서 중요한 브리핑을 해야 하는데 참석하지 못해 나중에 시말서까지 제출해야 했다.

위 사례에서 상미 씨는 억울하게 체포되고 부상은 물론 직장생활에도 피해를 입었다. 상미 씨는 경찰에 의해 연행되었기 때문에 기소되어 재판을 받을 수도 있다. 그러나 적극적으로 자신의 권리를 행사할 방법이 있다. 위와 같이 국가배상소송을 할 수 있음은 물론이고 담당 공무원을 직접 형사고소하는 방법을 생각해볼 수 있다. 여기서는 형사고소하는 방법을 살펴보자.

위법한 수사를 한 수사관을 처벌하는 특별한 법조항

'제1장 수사란 무엇인가?' 중 '2. 수사는 언제, 어떻게 시작되는가?'에서 이미 설명한 것처럼, 고소는 범죄를 당한 피해자(또는 그와 일정한 관계가 있는 자)가 수사기관에 범죄사실을 신고하여 범인의 처벌을 구하는 의사표시이다. 일반적으로는 고소장이라는 문서를 작성하여 경찰 또는 검찰에 제출하는 방식으로 하지만, 여의치 않은 경우는 직접 경찰서를 방문하여 구두로 고소할 수도 있다. 피해자가 미성년자인 경우에는 부모 등 법정대리인이 직접 고소할 수 있다. 고소는 죄명별로 정해진 공소시효가 끝나기 전까지는 할 수 있지만, 피해자가 고소해야만 수사와 처벌이 가능한 친고죄(모욕죄, 사자명예훼손죄 등)는 고소 여부가 중요하기 때문에 범인을 알게 된 날부터 6개월 안에 고소해야 한다. 한편 피해자가 아니더라도 누구든 범죄사실을 알게 된 사람은 범인의 수사를 수사기관에 신고하고 처벌을 구할 수 있는데, 이를 '고발'이라 부른다.

조항	죄명	처벌행위	법정형
형법 제122조	직무유기죄	공무원이 정당한 이유 없이 직무수행을 거부하거나 직무를 유기한 때	1년 이하의 징역이나 금고 또는 3년 이하의 자격정지
형법 제123조	직권남용죄	공무원이 직권을 남용하여 사람으로 하여금 의무 없는 일을 하게 하거나 사람의 권리행사를 방해한 때	5년 이하의 징역, 10년 이하의 자격정지 또는 1000만 원 이하의 벌금
형법 제124조	불법체포, 불법감금죄	재판, 검찰, 경찰, 기타 인신구속에 관한 직무를 행하는 자(또는 이를 보조하는 자)가 직권을 남용하여 사람을 체포 또는 감금한 때	7년 이하의 징역과 10년 이하의 자격정지
형법 제125조	폭행, 가혹행위죄	재판, 검찰, 경찰, 기타 인신구속에 관한 직무를 행하는 자(또는 이를 보조하는 자)가 직무를 행하면서 형사 피의자 또는 기타 사람을 폭행하거나 가혹행위를 한 때	5년 이하의 징역과 10년 이하의 자격정지
형법 제126조	피의사실 공표죄	검찰, 경찰, 기타 범죄수사에 관한 직무를 행하는 자(또는 이를 감독하거나 보조하는 자)가 직무를 행하면서 알게 된 피의사실을 공판청구 전에 공표한 때	3년 이하의 징역 또는 5년 이하의 자격정지
형법 제127조	공무상 비밀누설죄	공무원 또는 공무원이었던 자가 법령에 의한 직무상 비밀을 누설한 때	2년 이하의 징역이나 금고 또는 5년 이하의 자격정지

수사기관이 공무집행 과정에서 위법행위를 하면 그에 대해서도 당연히 형사고소와 고발이 가능하다. 특히 형법은 경

찰, 검찰 등 수사공무원이 범할 수 있는 범죄 유형을 위와 같이 미리 정해놓았다.

1) 피의사실공표죄

피의사실공표죄는 수사를 하는 수사기관이 수사를 통해 확인한 피의자의 인적 사항과 피의사실을 기소도 되기 전에 알렸을 때 처벌되는 죄이다. 무죄추정의 원칙과 피의자의 명예를 보호하기 위한 장치이다. 수사기관의 행위만을 처벌하기 때문에 일반인이나 언론이 피의사실을 발표하는 행위는 명예훼손죄가 될 수는 있어도 피의사실공표죄가 되지는 않는다.

그런데 뉴스를 꼼꼼히 보면 수사기관이 버젓이 피의사실을 공표하는 것을 자주 보게 된다. 노무현 전 대통령 수사 과정이 대표적인 예이다. 정치인이나 연예인 같은 유명인이 수사를 받을 때는 물론이고 흉악범이 잡혔을 때, 수사기관은 기소 전에 자랑스럽게 피의사실을 알리고 언론이 이를 대서특필하고는 한다. 이를 어떻게 보아야 할까? 수사기관을 처벌해야 하는 죄인데도, 우리도 이에 무감각해지다 보니 실제로 거의 처벌되는 사례는 없지만 분명히 위법한 행위이다. 법원도 수사기관의 발표는 일반 국민의 정당한 관심의 대상이 되는 사항에 관하여 객관적이고 충분한 증거나 자료를 바탕으로 한 사실 발표에 한정되어야 하고, 공식 절차에 따라야 하며, 무죄추정의 원칙에 반하여 유죄를 속단하게 할 우려가 있는 표현이나 추측 또는 예단을 불러일으킬 우려가 있는 표현을 사용해서는 안 된다고 하면서, 피의자가 강력히 부인하고 그 외 증거가 부족하여 보강수사가 필요하며 피의사실을 급박히 알릴 현실적 필요성도 없는 상황에서 검사가 각 언론사 기자에게 피의사실을 밝혔다면 국가가 손해배상책임을 져야 한다고 판시하였다(대법원 2001. 11. 30. 선고 2000다 68474 판결 등).

2) 직권남용죄[*]

직권남용죄는 공무원이 자신의 직무권한에 속하지 않는 사항에 대하여 의무 없는 일을 하게 강요하거나 사람의 정당한 권리행사를 방해하는 것을 처벌하는 죄이다. 예를 들어 위 서준철 씨 사례에서 보안사령부(현 기무사령부)는 군인이나 군무원이 아닌 시민을 체포하여 수사할 권한이 없는데도 시민을 체포하여 수사한 것이므로 직권남용죄가 된다.

3) 불법체포·감금죄와 폭행·가혹행위죄

불법체포·감금죄는 수사기관이 「형사소송법」이 정한 체포·구속의 요건과 절차를 어기고 사람을 체포하거나, 사람을

---

[*] '권리행사방해죄'라고도 한다.

체포한 뒤에도 구금 기간이 지나도록 풀어주지 않으면 성립한다. 모든 사람은 헌법상 신체의 자유를 가지므로 경찰이라 해도 멋대로 사람을 체포 또는 감금할 수 없다. 법에 따라 체포할 수 있는 일정한 상황을 갖추었을 때만(실체적 조건), 그리고 일정한 절차를 거쳐야만(절차적 조건) 체포할 수 있다. 경찰의 체포행위가 법으로 정한 원칙과 절차를 어겼을 경우는 형법상 불법체포·감금죄 또는 직권남용죄가 될 수 있다.

폭행·가혹행위죄는 수사를 하는 공무원이 피의자나 참고인을 수사하면서 고문이나 가혹행위를 하면 처벌하는 죄이다. 가혹행위란 폭행 이외의 방법에 의하여 정신적·육체적으로 고통을 주는 일체의 행위를 포함한다고 한다.

불법체포·감금죄와 폭행·가혹행위죄를 언론에서는 통상 '독직(瀆職)폭행'이라고 부른다. 이런 독직폭행은 수사기관이 절대로 해서는 안 될 중대범죄이기 때문에 그로 인하여 사람을 다치게 한 경우는 1년 이상 유기징역, 사람을 죽게 한 경우는 무기 또는 3년 이상으로 가중처벌된다(「특정범죄 가중처벌에 관한 법률」 제4조의2).

📝 **참고 공소시효(公訴時效)란?**

검사와 같이 기소권을 가진 국가기관이 일정 기간 공소를 제기하지 않고 형사사건을 방치한 경우, 그 기간이 지나면 더 이상 국가가 피의자를 수사하거나 기소하여 처벌할 수 없는 효과가 발생하도록 한 제도를 말한다. 즉 범죄가 발생한 때부터 일정한 기간이 경과할 때까지 검사가 피의자를 처벌해달라고 법원에 기소하지 않으면, 더 이상 피의자를 처벌할 수 없도록 국가의 소추권(訴追權)을 소멸시키는 제도이다.

공소시효를 둔 취지는 범죄행위 후 시간이 오래 흐를수록 증거가 없어지거나 증거가치가 떨어져 진실을 정확히 알기 어렵고, 비록 범죄행위로 인해 법질서가 파괴된 결과가 발생했지만 오랜 시간이 흐르면서 파괴의 결과가 회복되거나 치유되어 피의자를 처벌할 필요가 감소하였다는 데 있다.

우리 「형사소송법」은 사형에 해당하는 범죄는 25년, 장기 10년 이상의 징역 또는 금고에 해당하는 범죄는 10년 등과 같이 범죄를 처벌하는 법규가 정하고 있는 형량을 기준으로 공소시효를 개별적으로 규정하고 있다.

근절되지 않는 수사관의 위법수사

수사기관은 범인을 잡아야겠다는 목표에 골몰한 나머지 수단과 방법을 가리지 않고 자백을 받고 증거를 확보하고 싶은 유혹에 빠지기 쉽다. 그런 역사적 경험을 통해서 수사기관의 전횡을 막기 위한 장치가 필요함을 확인하고 별도로 처벌조항까지 만들어둔 것이다. 그러나 위법한 수사는 지금도 없어지지 않고 있다.

2014년 초 세상을 들썩이게 한 이른바 '서울시 공무원간첩 조작사건'을 떠올려 보자. 대공수사권을 가진 국가정보원은 피고인의 간첩죄를 입증할 증거를 만들기 위해 수단과 방법을 가리지 않고 위법행위를 했음이 만천하에 드러났다. 피고인의 중국 출입경기록을 조직적으로 위조하였고, 검사는 위조된 문서를 법원에 제출하였다. 피고인의 여동생을 국정원 합동신문센터에 불법구금한 상태에서 고문·협박을 통하여 허위진술을 받아내서 이를 증거로 제출하였다는 사실도 알려졌다.

이렇게 위법한 수사가 끊이지 않는 이유는 무엇일까? 우선 실적 압박에 시달리다 보니 수사기관에게 인권의식은 뒷전으로 밀리는 것이 첫째 원인이고, 여기에 위법한 수사가 드러나 고소·고발을 하여도 수사기관이 제 식구 감싸기식 수사를 하고 엄격하게 처벌하지 않는 것이 둘째 원인이다. 국정감사자료에 따르면 2008년부터 2012년 8월까지 접수된 검찰 또는 경찰 등에 의한 독직폭행사건은 총 3,993건으로 매년 증가추세인 반면, 기소율은 평균 0.5퍼센트에 그치고 있는 것이 현실이다.

위법한 수사에 대하여 형사고소나 고발을 하는 것은 이처럼 분명히 한계가 있다. 그러나 쉽게 포기할 수는 없는 일이다. 수사권을 남용하여 국민의 인권을 유린한 행위에 대해서는 반드시 응분의 처벌과 책임추궁이 이루어져야만 하고, 그런 선례가 만들어질 때만 인권은 신장되기 때문이다. 1986년 이른바 '부천서 성고문사건'의 가해자 문귀동에 대하여 검찰이 혐의 없음의 불기소처분을 하자, 피해자와 조영래 변호사 등이 재정신청을 통해서 문귀동에 대한 형사책임을 끝까지 물었던 것처럼 말이다.

위법한 수사를 한 수사관을 고소하려면

위 사례에서 상미 씨가 형사고소를 하면 어떻게 될까?

먼저 상미 씨는 집회에 참석한 사람이 아니었다. 따라서 집시법 위반(야간 옥외집회 참가죄, 해산명령불응죄)을 이유로 체포할 수 없는데도 체포하였다. 그 과정에서 경찰을 폭행하였다면 모를까(사실 위법한 공무집행에 저항하는 과정에서 경찰을 폭행해도, 이는 정당방위에 해당하여 공무집행방해죄나 폭행죄가 성립되지 않는다는 것이 판례이다), 상미 씨가 연행에 항의한 행위만으로는 죄가 되지 않는다. 위법한 법 집행에 항의한다는 이유로 현행범으로 체포하는 행위 역시 위법한 체포행위이다. 즉 상미 씨를 체포할 실체적 조건이 갖추어지지 않았다.

절차적 조건은 지켰을까? 미란다 원칙 고지는 「형사소송법」에 정해진 필수 절차이고, 이를 지키지 않은 채 체포했다면 역시 위법한 체포행위이다. 또 경찰의 해산명령도 적법하지 않다. 법원이 "피고인들을 포위한 상태에서 포위된 사람들이 밖으로 나갈 수 없게 한 후 해산명령을 한 것은 위 시행령에 따른 적법한 해산명령이라고 할 수 없고, 피고인들이 위와 같은 부적법한 해산명령에 응하지 못한 행위가 「집회 및 시위에 관한 법률」 제20조 제2항에 해당한다고 보기 어렵다"고 하여 해산명령 불응죄에 대하여 무죄를 선고한 것도 이 때문이다(서울서부지방법원 2008. 11. 19. 선고 2008고정973 판결).

따라서 경찰의 체포는 불법체포죄에 해당하고, 연행 후 경찰차에 태워 경찰서에서 48시간 가까이 유치한 행위는 불법감금죄에 해당한다. 만약 상미 씨가 경찰에 의해 폭행당하여 부상을 입은 것이라면 형법 제125조의 독직폭행죄는 물론 상해죄로도 고소가 가능하다. 위법한 수사의 피해자가 해당 수사관을 고소나 고발하려면 무엇보다 아래에서 보듯 크게 두 가지 문제를 슬기롭게 해결해야 한다.

1) 수사관의 인적 사항을 정확히 확인하라

형사고소는 개인을 상대로 하는 것이지, '국가' 또는 '경찰청'과 같은 조직을 상대로 하는 것이 아니다. 따라서 고소할 사람의 인적 사항을 정확히 파악하는 것이 중요하다. 위 사례에서 상미 씨는 직접 자신을 강제로 연행한 현장의 전경과 경찰, 현장에서 연행을 지휘한 현장 지휘자를 상대로 고소할 수 있고, 나아가 서울지방경찰청장 등 상부 지휘자가 무차별적인 연행을 지시하였다고 판단될 경우 상부 지휘자도 고소할 수 있다.

체포되는 경우에는 체포현장에서 자신을 강제로 연행한 전경 또는 경찰의 신원을 확인하는 것이 중요하다. 연행 당시 식별표시를 통하여 전경 또는 경찰의 소속과 이름, 지위를 확인하거나 신원을 밝힐 것을 요구하여야 하고, 여의치 않으면 연행 전경부대 헬멧 등에 적힌 표시 등 특징을 기억해두어야 한다. 이를 정확히 확인하지 못하였으면, 경찰서에서 조사받으면서 이를 확인해야 한다. 대개 현장에서 연행한 전경이나 경찰이 경찰서까지 동행해서 체포 과정에 대한 간략한 진술을 하도록 되어 있다. 그걸 듣고 기억하거나 나중에 담당 경찰을 통해 이를 확인하도록 한다. 직접적인 가해자를 정확하게 짚어내지 못하면, 수사기관에서는 증거 불충분을 이유로 수사를 유야무야 끝내는 경우가 많다. 가재는 게 편이기 때문이다.

쪽지 4 알아둘 만한 국가인권위원회 결정

2008년 광우병 쇠고기 수입 반대 촛불집회 당시 진압 작전에 참여한 일부 진압경찰이 명찰을 검은색 테이프로 가리거나 부대 표시 없는 헬멧과 방패를 사용, 또는 명찰이 아예 없는 의복을 입은 채 촛불집회 진압에 나섰다. 국가인권위원회는 이에 대해 "경찰청이 자체적으로 마련한 훈령인「전투경찰순경 등 관리규칙」제149조(표지장 및 부속품의 부착 위치) '기동복 상의에는 명찰, 기동복 표지장, 기동복용 계급장을 각각 봉합 부착하여야 한다'는 규정을 직접적으로 위반하거나 그 취지에 반한 행위이다. 이에 대하여 당시 현장에 있었던 진압 경찰대원들은 명찰을 달거나 공개할 경우 시위대가 이름을 부르면서 조롱하고 모욕을 주기 때문에 대원들의 인권보호도 고려해야 한다고 주장한다. 그러나 이런 점을 고려하여 이름이 아니라 추후 문제가 발생했을 때 누구인지 식별할 수 있는 표시이면 이름이 아니어도 무방할 것으로 판단된다. 또한 식별표시를 가리거나 미부착하는 행위는 진압 경찰이 시위대에 대하여 과잉행동을 하는 경우에도 시위대의 정당한 문제 제기를 근원적으로 차단할 우려가 있다. 이는 안전과 인권을 중시하며 최소한의 범위에서 물리력을 사용해야 하는 경찰력 행사의 근본 취지에 어긋난다. 따라서 집회시위 진압 등 경비업무 시에 상대방이 알아볼 수 있는 식별표

시를 부착하고 경비업무를 담당하는 것이 필요하다"고 하
여 인권침해를 인정하였다(국가인권위원회 2008. 10. 27. 결정).

2) 백 마디 말보다 중요한 건 증거

고소장을 제출할 때 가장 중요한 것은 주장하는 범죄사실
을 조리 있게 설명하고 이를 입증하는 것이다. 상미 씨는 자신
이 집회에 참가하지도 않았고 단지 항의만 하였는데도 인도에
서 체포되었다는 사실을 입증할 수 있어야 한다.

상미 씨가 고소를 위해 해야 할 일은 우선 현장 상황을 입
증할 자료를 찾는 일이다. 가장 좋은 것은 현장을 촬영한 동영
상이다. 요즘 대부분 가지고 있는 스마트폰은 동영상의 화질이
나 기능이 좋으므로 불법적인 체포가 벌어질 당시에 영상을 촬
영하는 것이 좋다. 만일 당시 영상을 촬영해두지 못했다면, 요
즘 각종 인터넷을 활용한 생방송 동영상이 많으므로 인터넷을
통해 이를 찾아보도록 한다. 두 번째는 현장을 목격한 목격자
의 진술이다. 목격자는 최대한 자신과의 관계가 멀수록 좋다.
함께 있던 친구보다는 그날 처음 만난 사람이나 지나가던 행인
일수록 좋다. 현장 사진도 도움이 될 수 있으나, 대개 사진만으
로는 상황을 알기 어렵다.

목격자의 진술은 목격자가 직접 수사기관이나 법원에 나와서 진술하는 것이 제일 좋다. 직접 들은 진술은 신뢰할 수 있기 때문이다. 그러나 목격자들은 대개 사건에 말려드는 것을 꺼려해서 직접 진술하는 것을 꺼린다. 이때는 부득이하게 진술서나 사실확인서를 제출한다. 이때도 목격자 본인이 작성하였다는 점을 확실히 밝히기 위해서 진술서를 공증 사무실에 가서 공증받거나 인감증명서를 첨부하여 제출하는 것이 좋다.

상미 씨처럼 경찰의 연행 과정에서 폭행을 당하여 안경이 깨지거나 부상당한 경우는 형법 제125조 폭행·가혹행위죄로 고소가 가능한데, 이때는 부상과 손괴를 입증할 자료를 확보해 두어야 한다. 우선 경찰서에 연행된 후 경찰에게 폭행으로 인한 부상 부위와 깨진 안경을 촬영하여 기록에 함께 넣어달라고 요구하고, 정도가 심할 경우 병원 치료를 요구하여 병원 진료를 받도록 한다. 간혹 경찰서에서 병원 진료 요구를 거부하기도 하는데, 체포 또는 구속된 피의자가 의사의 진료를 받을 권리는 법에 보장된 것이므로(「형사소송법」 제89조, 제200조의6, 제213조의2) 강하게 항의하여 진료를 받도록 한다. 병원에서 진료를 받은 경우에는 병원의 진단서를 발급받아두는 것이 좋다. 진단서에는 상해진단서와 일반진단서가 있는데, 상해진단서가 발급비용이 더 든다. 상해 결과가 폭행으로 발생한 것임을 입증하는 것이 중요하기 때문에 일반적으로는 상해진단서가 자주 사용되나, 일반

진단서라도 부상당한 사실에 대한 증거로서의 가치가 있다. 찰과상이나 타박상 등은 일주일 정도 지나면 없어질 수 있기 때문에 최대한 빠른 시간 내에 진단서를 받아두어야 한다.

3.
해당 기관 진정 또는 국가인권위원회 등 외부기관 진정

사례 2-2

앞의 사례에서 집회현장 부근에서 연행되었던 상미 씨는 묵비권을 행사하였다. 그러자 담당 수사관은 떳떳하지 못하게 사실을 숨긴다면서 반말과 모욕적인 언사를 하고 상미 씨의 처벌을 기정사실화하였다. 상미 씨는 부당한 수사에 대해 문제 제기를 하고 싶다. 한편 상미 씨는 수사를 받는 이틀 동안 결근하게 되었고 결국 기소되어 벌금형을 받았다. 상미 씨는 나중에 결근과 벌금형을 받았다는 사실로 인해 회사에서 해고되었다. 상미 씨는 회사의 해고가 부당해고라며 국가인권위원회에 진정하였다.

경찰 청문감사관실 진정

전국의 경찰서마다 '청문감사관실'이 있고 경찰 간부가 청문감사관으로 배치되어 있다. 청문감사관실은 한마디로 경찰의 수사 등 업무와 관련하여 민원을 제기하는 곳이다. 경찰은 청문감사관제도를 '수사·교통·방범 등 각종 사건·사고로 시민 여러분과 항상 접촉하고 있는 경찰관의 불친절, 부당한 업무처리 등에 대하여 민원이 있는 경우 민원인의 불만사항 등 고충을 상담·처리하기 위해 1999년 6월 도입한 제도'라고 설명하고 있다 (경찰청 홈페이지).

경찰청 홈페이지에는 청문감사관의 업무와 이용 방법을 다음과 같이 소개하고 있다.

이럴 때 청문감사관을 찾아주세요

– 경찰이 하는 일에 불편·불만이 있거나 경찰로부터 불친절한 대우를 받았을 때
– 경찰업무 관련하여 궁금증이나 요구사항이 있을 때
– 경찰의 법집행 과정에서 인권침해나 부당한 대우를 받았을 때
– 성실한 숨은 일꾼이나 선행 미담 경찰관이 있어 격려하고 싶을 때
– 각종 민원처리 결과에 이의가 있을 때
– 경찰의 각종 업무 중 개선사항이나 발전적 제안이 있을 때
– 기타 경찰의 이미지를 훼손시키는 부정한 경찰관을 보았을 때

청문감사관실의 문은 시민 여러분을 위해 항상 열려 있으므로 많은 이용 바랍니다.
청문감사관은 이렇게 이용할 수 있습니다.
청문감사관은 전국 모든 경찰관서에 인성 및 경험을 겸비한 과장급 간부

로 배치되어 있고, 경찰서 1층 현관 가장 가까운 곳에 있는 사무실에서 항상 여러분을 기다리고 있습니다.

누구나 청문감사관을 찾아가서 직접 상담하거나 민원사항을 접수할 수 있고, 경찰서를 찾아가기 힘든 분은 경찰관서별 홈페이지, 전화, 우편, 팩스 등을 통해 청문감사관에게 도움을 요청할 수 있습니다

• 인권침해 접수창구 24시간 운용

각 경찰관서 홈페이지에 마련된 인권침해 접수창구를 이용하시면 24시간 접수하여 타 민원에 우선하여 처리하고, 각급 경찰관서 정문·현관 등에 설치된 주민소리함에 인권관련 설문서를 작성, 투입하여주시면 설문의견을 적극 반영하고 인권관련 수범자 및 비위자에 대한 상벌을 실시합니다.

수사 과정에서 인권침해를 당했거나 수사관이 부당한 수사를 하였다고 판단되면, 청문감사관실에 민원을 제기하고 필요한 경우 담당 수사관 교체를 요구할 수도 있다. 구체적인 신청 방법은 전국 각 경찰서마다 다를 수 있으므로 미리 전화로 방법을 확인하는 것이 좋다(어떤 경찰서는 본인의 직접 방문 접수만 받는 곳도 있다). 청문감사관실에 진정하면 진정된 내용에 대하여 청문감사관이 청문감사를 하고 해당 기간 수사를 잠정적으로 중지하는 경우도 있다. 나아가 상급 경찰관서에 '수사이의신청'을 할 수도 있다.

검찰에 대한 진정

경찰에는 경찰서 단위로 '청문감사관실'이 운영되지만 검찰에는 따로 그런 조직이 없다. 그래서 보통 검찰 수사에 대한 진정은 상급검찰청이나 대검찰청에 진정을 하는 방법으로 하게 된다.

대검찰청은 「수사절차이의 진정사건 처리 절차에 관한 지침」(대검예규 제440호)을 스스로 만들어두었다. 이는 검찰에서 수사 중인 사건의 수사절차에 대한 이의를 하였을 때의 처리를 정한 규정이다. 대검찰청 홈페이지 '정보마당'에 '훈령·예규' 항목이 있는데 예규 이름을 치면 볼 수 있다.

예규에 따르면 검찰 수사 중인 사건의 수사절차에 대한 이의가 담긴 내용일 경우 진정서, 탄원서, 이의신청서 등 문서의 이름은 크게 상관없이 '수사절차이의 진정사건'으로 분류되고, 검찰은 내부 절차에 따라 이를 원래 사건 주임검사나 부장검사에게 배당하여 조사하도록 되어 있다. 검사 지휘하에 경찰이 수사 중인 사건에 대해서 검찰에 진정을 하면, 검찰이 '진정취지를 기재한 수사지휘서와 함께 진정서를 수사 담당 경찰에게 송부'하고 진정 내용의 타당성을 검토하여 처리한다(위 예규 제7조). 다만 같은 내용을 반복해서 진정하거나 익명이나 가명으로 진정한 경우에는, 진정을 '공람종결' 방식으로 종결한다(「검찰사건사무규칙」 제143조 제2항 참조).

외부기관 진정 – 국가인권위원회 진정

수사기관의 위법행위에 대한 외부기관 진정으로 가장 중요한 것은 국가인권위원회에 진정하는 방법이다. 국가인권위원회는 독립적인 인권기구로서 다른 국가기관 등의 인권침해를 감시하고 진정 사건을 조사하여, 인권침해가 인정되면 다른 국가기구에 인권침해를 지적하고 개선을 권고할 권한을 가지고 있다. 어떤 경우에 국가인권위원회에 진정할 수 있는지는 「국가인권위원회법」에 상세히 정해져 있다.

1) 인권침해의 종류

모든 인권침해를 진정할 수 있는 것은 아니고 ① 국가기관, 지방자치단체 또는 구금·보호시설의 업무수행과 관련하여 ② 헌법 제10조부터 제22조까지에 보장된 인권을 침해당한 경우에 해당해야 국가인권위원회에 진정할 수 있다(「국가인권위원회법」 제30조 제1항 제1호). '헌법 제10조부터 제22조까지의 인권'이라는 말이 중요한데, 그 외의 인권에 대해서는 국가인권위원회에 진정하지 못한다는 말이다. 재산권침해(제23조), 재판청구권침해(제27조), 노동3권침해(제33조) 등의 인권을 침해당했다는 사유로는 국가인권위원회에 진정하지 못한다. 특히 최저생계비와 같은 생존권이나 건강권 등 이른바 '사회적 기본권'의 침해에 대해서는 국가인권위원회에 진정할 수 없다. 최초 국가인권위원회가 만들어질 때 다른 국가기관과의 관계, 사회권의 성격 등을 고려하여 제한한 것으로 보이는데, 최근 들어 인권에서 사회권이 차지하는 비중이 갈수록 커지고 있는 상황에 비추어볼 때 사회적 기본권침해를 진정 대상에서 제외한 것은 시대에 뒤떨어진 면이 있다.

2) 가해자는 국가기관 등이어야

또한 인권을 침해한 당사자가 국가기관 등이어야 한다. 구체적으로 따져보자.

우선 국가기관이나 지방자치단체가 아닌 자의 인권침해는 진정할 수 없다. 회사에서 발생한 사용자에 의한 인권침해, 사립학교에서 발생한 인권침해 등은 원칙적으로 진정 대상이 아니다. 공단·공사·공기업이 국가기관에 해당하느냐 문제될 수 있는데, 지금까지 국가인권위원회는 명확한 기준을 가지고 있지는 않은 것 같다. 중소기업협동조합중앙회, 국민체육진흥공단, 사립학교교직원연금관리공단, 서울특별시지하철공사 등의 국가기관성을 인정하지 않은 반면, 대한체육회나 금융감독원의 경우는 국가기관으로 인정하고 있다(『국가인권위원회법』 해설집 36쪽. 국가인권위원회 홈페이지에서 찾아볼 수 있다). 국가로부터 국가 기능의 일부를 위임받은 범위 내에서 활동하느냐를 기준으로 국가기관 여부를 결정해야 할 것으로 보인다(위 책 37쪽).

국가기관의 인권침해가 아닌 경우에도 예외적으로 국가인권위원회 진정이 가능한 경우가 있다. 첫째는 아동복지시설, 장애인복지시설, 정신병원 등 정신의료기관, 정신요양시설, 사회복지시설, 노인주거복지시설, 노인의료복지시설, 「성매매방지 및 피해자보호 등에 관한 법률」에 따른 보호시설 등 이른바 '다수인 보호시설'에서 발생하는 인권침해에 대해서는 그 중요성을 감안하여 국가기관이 아니지만 국가인권위원회에 진정할 수 있다. 둘째로 인권침해가 아니라 '차별을 당했다'는 이유로 진정하는 경우는 차별을 한 자가 국가기관이 아닌 법인, 단체 또는 개인이라도 국가인권위원회에 진정이 가능하다. 사립학교나 학원, 회사에서 발생한 성차별, 연령차별 등에 대해서는 국가인권위원회에 진정할 수 있다.

그렇지만 특정한 국가기관의 행위에 대해서는 아예 국가인권위원회에 진정할 수 없도록 못 박아놓은 것이 있다. 특히 ① 국회의 입법 ② 법원·헌법재판소의 재판은 진정 대상에서 제외되어 있다. 권력분립 원칙을 존중한 의미이다. 여기서 중요한 것은 수사기관의 수사는 진정 대상에서 제외되어 있지 않다는 것이다. 따라서 경찰과 검찰의 수사 과정에서의 가혹행위 등 인권침해는 당연히 국가인권위원회에 진정할 수 있다.

3) 진정해도 조사하지 않는 경우

국가인권위원회에 진정하면 국가인권위원회는 조사관의 조사를 거친 후 진정 내용에 대해 '인용' '기각' '각하' 중 하나의 결정을 내린다. 각하는 인권침해 여부와 관계없이 어떤 형식적인 이유 때문에 조사 대상에 포함되지 않아 더 이상 조사를 진행하지 못한다는 의미의 종국적인 결정이다. 일단 조사 대상에는 포함되지만 인권침해가 인정되지 않거나 인정되더라도 그 정도가 경미할 때 나오는 '기각' 결정과 구별된다.

각하 사유로 정해진 경우는 국가인권위원회 진정이 별 의미가 없기 때문에 다른 방법을 찾는 것이 좋다. 중요한 각하 사유로는 ① 진정 내용이 위원회의 조사 대상에 해당하지 아니하는 경우 ② 진정 원인이 된 사실이 발생한 날부터 1년 이상 경과한 경우 ③ 진정이 제기될 당시 진정의 원인이 된 사실에 관하여 법원 또는 헌법재판소의 재판, 수사기관의 수사 또는 그밖의 법률에 따른 권리구제 절차가 진행 중이거나 종결된 경우 ④ 위원회가 기각한 진정과 동일한 사실에 관하여 다시 진정한 경우 등이 있다(「국가인권위원회법」 제32조 제1항).

사건 발생일부터 1년이 지난 경우는 원칙적으로 국가인권위원회 진정이 어렵다. 다만 진정 원인이 된 사실에 관하여 공소시효 또는 민사상 시효가 완성되지 아니한 사건으로서 위원회가 조사하기로 결정한 경우에는 조사할 수 있다는 예외 규정이 있으며, 특히 형사범죄와 관련되는 등 중요한 사건의 경우는

예외가 인정될 여지가 있을 것으로 보인다. 상황에 따라서는 1
년이 지난 사건도 이 예외규정을 들어 진정할 수 있다.

4) 수사기관의 위법행위를 인권위에 진정하는 경우

수사기관의 수사가 위법한 경우, 예를 들어 경찰과 검찰의
수사 과정에서의 가혹행위를 당한 경우에는 당연히 이를 당연
히 국가인권위원회에 진정할 수 있다.

그런데 문제는 수사과정에서 가혹행위를 당한 피해자는 형
사고소를 할 수도 있고, 수사기관 내부 민원을 할 수도 있고, 법
원에 국가배상청구 소송을 할 수도 있다. 이와 같은 다른 제도
를 활용하면서 동시에 국가인권위원회에도 진정할 수 있을까?

이 점에 대해서 「국가인권위원회법」 제32조 제1항 제5호는
"진정의 원인이 된 사실에 대해서 법원 또는 헌법재판소의 재
판이 진행 중이거나 종료된 경우, 경찰 또는 검찰의 수사가 진
행 중이거나 종료된 경우"는 같은 사안을 별도로 국가인권위원
회에 진정하지 못하도록 정하고 있다.

결국 현행법상으로는 피해자가 형사고소나 국가배상청구
를 하지 않고 국가인권위원회에 먼저 진정을 한 경우에만 국가
인권위원회 조사가 진행된다. 국가인권위원회에 진정을 한 경
우에도, 나중에 형사고소나 국가배상청구소송을 하면 역시 국
가인권위원회는 사건을 더 조사하지 않는다. 이처럼 국가인권

위원회 진정은 같은 사건에 대해서는 소송이나 고소에 비해 보충적인 제도이다.

그러나 최종적으로 형사고소나 소송을 하는 경우에도 먼저 국가인권위원회에 진정하여 조사를 받도록 하는 것은 나름의 의미가 있다. 국가기관의 위법행위나 인권침해를 입증하는 것은 쉽지 않고, 대개의 경우 국가기관이 정보를 독점하고 있어 접근이 쉽지 않다. 이때 먼저 국가인권위원회에 진정하여 결정을 받고, 결정 내용과 조사 결과 취합된 자료를 증거로 활용하여 후에 형사고소를 하거나 국가배상을 청구하는 것도 좋은 방법이 될 수 있기 때문이다.

위 사례에서 상미 씨는 위법한 체포와 감금, 수사기관의 반말과 욕설에 대해서는 국가인권위원회에 진정하여 조사를 받을 수 있다. 위법한 체포는 헌법 제12조에 정해진 신체의 자유라는 중요한 인권을 침해한 행위이고, 묵비를 이유로 한 반말과 욕설은 진술거부권이나 인격권을 침해하는 행위이기 때문이다. 그러나 회사에서 부당하게 해고당한 것을 국가인권위원회에 진정한다면 이 부분은 각하될 가능성이 있다. 국가기관이 아닌 회사의 인권침해는 진정 대상이 아니고, 또한 부당해고는 '근로3권'이 침해된 것으로서 국가인권위원회가 다루는 헌법 제10조에서 제22조의 권리에 해당하지 않기 때문이다. 그러나 좀 더 고민해보면 촛불집회 참가를 이유로 해고한 것은 정치적 견해를 이유로 한 차별, 벌금형을 받은 것을 이유로 해고한 것은 전과를 이유로 한 차별이 될 소지가 있다. 이때는 인권침해가 아닌 차별을 이유로 한 진정은 성립될 가능성이 있다.

💡 기타 외부기관 민원 – 국민권익위원회 등

일반적으로 공직자의 부패행위나 공직자의 부당한 업무처리로 인하여 발생한 민원 사항 등에 대해서는 국민권익위원회에 민원을 신청할 수 있다. 「부패방지 및 국민권익위원회의 설치와 운영에 관한 법률」에는 '부패행위'를 "공직자가 직무와 관련하여 그 지위 또는 권한을 남용하거나 법령을 위반하여 자기 또는 제3자의 이익을 도모하는 행위"라고 규정하고 있다.

그런데 국민권익위원회는 제기된 민원을 모두 스스로 조사·처리하는 것은 아니고, 다른 행정기관에서 처리하는 것이 적당하다고 판단되면 해당 행정기관으로 민원을 이첩한다. 수사기관의 위법한 수사에 대한 민원도 마찬가지인데, 이를 국민권익위원회에 민원을 제기하여도 대개는 해당 수사기관에 이첩한다. 법에도 "수사 및 형집행에 관한 사항으로서 그 관장기관에서 처리하는 것이 적당하다고 판단되는 사항 또는 감사원의 감사가 착수된 사항"은 민원을 각하하거나 관계 이관에 이송한다고 되어 있다(「부패방지 및 국민권익위원회의 설치와 운영에 관한 법률」 제43조 제1항 제3호).

기타 인터넷상으로는 요즘 정부 민원을 '국민신문고(http://www.epeople.go.kr)'라는 인터넷사이트를 통하여 인터넷 민원신청을 받고 있다. 위 민원 역시 수사기관으로 이첩될 가능성이 높다.

실전 팁

Q. 수사관이 위법한 수사를 한 것에 대해서 국가배상청구 소송을 하는 것과 형사고소를 하는 것은 어떻게 다르고, 그중에 무엇을 선택하는 게 좋은가?

A. 둘 다 병행할 수 있고 하나만 할 수도 있다. 적당한 방법을 선택하려면 둘 사이의 차이를 정확히 알아야 한다.

첫째, 형사고소와 국가배상청구는 그 목적이 다르다. 형사고소는 가해 행위자 개인이 형사처벌을 받도록 하는 것이 목적이고, 고소를 통해서 금전적 보상을 받을 수는 없다. 반면 국가배상청구는 국가에 대해서 가해 행위자 개인을 대신해서 금전적 책임을 요구하는 것이며, 형사처벌과는 관계가 없다.

둘째, 형사고소는 가해행위를 한 개인을 특정해서 해야 하지만, 국가배상청구는 가해 행위자 개인을 정확히 몰라도 가능하다. 국가배상청구는 국가를 피고로 삼아 책임을 묻는 것이고 대개는 가해 행위자 개인을 피고로 하는 것이 아니기 때문에, 가해 행위자의 인적 사항을 정확히 몰라도 크게 문제되지는 않는다.

셋째, 형사고소는 고소장을 제출하면 이후 절차는 경찰과 검찰에서 전적으로 주도해서 진행한다. 따라서 고소인에게 모든 사실을 입증할 의무가 있는 것은 아니며, 증거나 증인을 내세워야 하는 것도 아니다(물론 증거를 챙겨서 제출하지 않으면 수사기관이 적극적으로 수사하지 않는 경우도 많다). 반면 국가배상청구는 민사소송이기 때문에 승소를 위해서는 스스로 증거를 제출해야 하고 사실을 입증하여야 한다. 따라서 본인 스스로 진행하기 쉽지 않고 대개 변호사를 선임해야 할 경우가 많다.

수사기관의 불법행위에 대하여 형사고소와 국가배상청구 중 어떤 것이 좋은지 일반적으로 말하기는 쉽지 않다. 다만 현실적으로 수사기관의 일원인 수사관 개인을 수사기관(경찰, 검찰)에 형사고소하는 것은 한계가 명확하다는 점을 고려해야 한다. 경찰이 경찰을 수사하거나, 검찰이 경찰을 수사하는 것은 결국 제 식구 감싸기로 끝날 가능성이 높다. 실제로 2008년 촛불집회 과정에서 경찰의 명백한 폭행으로 큰 부상을 당한 시민들이 경찰을 형사고소하였으나, 현재 한 건도 기소되지 않았다. 심지어 자료가 부족하다거나 가해 경찰을 찾기 어렵다는 이유로 수사조차도 제대로 이루어지지 않았다. 이런 사정 때문에 경찰의 불법행위에 대해서는 형사고소를 하는 것보다 직접 법원에 국가배상을 청구하여 다투는 것이 가능성이 높다. 구체적 사안마다 어떻게 할 것인지는 개별적으로 판단해야 하므로 이 점은 변호사와 상의하는 것이 좋다.

Q. 수사관을 고소했다가 오히려 '무고(誣告)죄'로 처벌될 수 있지 않은가?

A. 상대방을 처벌받게 할 목적으로 허위사실로 고소를 한 경우에는 무고죄로 처벌된다(형법 제156조). 그런데 무고죄로 처벌되는 경우는 처음부터 사실이 아닌 줄 알면서 처벌받게 할 목적으로 '악의적'으로 '허위'고소를 한 경우이다. 착오나 오해로 사실과 달리 고소해서 상대방이 무혐의처분이 내려진 경우에는 무고죄로 처벌되지 않으므로, 거짓말로 수사관을 고소한 것이 아니라면 무고죄로 처벌되지 않는다.

Q. 국가를 상대로 국가배상청구를 하면 혹시 불이익이 없는지?

A. 없다. 국가배상청구 등은 헌법에 의해 보장되는 '재판청구권'의 핵심이므로 국가배상을 청구하였다는 이유로 불이익을 받았다면 그것도 국가배상감이다. 공무원도 위법한 공권력의 행사로 피해를 입었다면 국가배상을 청구할 수 있다.

Q. 경찰의 위법한 수사에 대해 진정서를 제출하고 싶은데, 괘씸죄에 걸릴까 무섭다. 익명이나 가명으로 진정을 할 수 있는가?

A. 위법수사에 대한 진정은 형식에 제한이 없어서 진정서, 탄원서, 수사이의신청서 등 문서 명칭과 관계없이 진정으로 처리된다. 다만 진정서에서는 진정인의 인적 사항과 피진정인의 인적 사항, 진정사실을 명확히 적어야 조사가 진행된다. 만약 익명이나 가명으로 진정한 경우에는 수사기관이 진정을 '공람종결' 방식으로 종결한다(『검찰사건사무규칙』 제143조 제2항).

Q. 경찰을 고소했는데, 담당 수사관이 고소당한 경찰과 친한 사이인 것으로 보여서 수사관을 교체할 것을 원한다면 어떻게 해야 되나? 수사검사를 교체해달라고 요청할 수 있는가?

A. 형사재판을 할 때는 판사나 법원사무관이 불공평한 재판을 할 우려가 있는 경우 기피신청을 할 수 있다(『형사소송법』 제17조부터 제25조까지). 그러나 수사 단계에서는 법에 이런 제도가 마련되어 있지는 않다. 그래도 수사 담당 경찰의 교체를 원하면 그 사유를 적어서 '경찰서 청문감사관'에게 제출할 수 있다. 검사의 교체를 요구하고 싶은 경우에는 해당 검찰청이나 상급 검찰청에 교체가 필요한 사유를 적어서 진정서(수사이의신청서)를 내면 된다. 그러나 담당자 교체는 수사기관이 내부 절차를 통해 판단하므로 교체되지 않는 경우도 다수 있다.

Q. 공무원도 일반인과 똑같이 국가를 상대로 국가배상청구를 할 수 있는가?

A. 그렇다. 공무원도 다른 공무원의 위법한 과실로 피해를 입었다면 국가를 상대로 배상청구를 할 수 있다. 다만 공무원이 다른 보상금 등을 받은 것이 있다면 그 범위 내에서는 공제된다. 「국가배상법」 제2조 제1항 단서는 "군인·군무원·경찰공무원 또는 향토예비군 대원이 전투·훈련 등 직무집행과 관련하여 전사·순직하거나 공상을 입은 경우에 본인이나 그 유족이 다른 법령에 따라 재해보상금·유족연금·상이연금 등의 보상을 지급받을 수 있을 때는 국가배상청구에 따른 손해배상을 받을 수 없다"고 규정한다.

Q. 인권침해행위에 대해서 노동부나 청와대 민원을 제기한 경우에도 국가인권위원회에 진정할 수 있는가?
A. 법에 정해진 구제 절차로서 공권력 행사의 효력을 다툴 수 있는 절차, 즉 재심이나 행정심판이 진행된 경우는 진정이 어렵지만, 민원 성격이 강한 절차인 경찰청 청문감사, 검찰청 민원, 노동부 민원, 국민권익위원회 민원을 제기한 경우에는 이와 관계없이 국가인권위원회 진정이 가능할 것으로 보인다.

Q. 소송을 제기했다가 취하한 경우에는 국가인권위원회 진정이 가능한가?
A. 민사소송이든 행정소송이든 소송을 제기했다가 취하하면 법적으로는 처음부터 소송을 제기하지 않은 것처럼 취급된다

(「민사소송법」 제267조 제1항, 「행정소송법」 제8조, 「국가배상법」 제8조 등). 따라서 소를 취하한 후에는 사건 발생일부터 1년이 지나지만 않았다면 국가인권위원회에 진정하는 것이 가능할 것으로 보인다.

제6장

수사의 종료(기소 또는 불기소)

1.
수사는 언제, 어떻게 끝나는가?

시작이 있으면 끝이 있게 마련이듯, 일단 개시된 수사도 언젠가는 끝나게 된다. 범죄가 저질러졌다는 정보가 수사기관에 접수되면서 시작된 수사는 수사기관이 범죄혐의가 사실인지 아닌지, 그에 관한 증거가 있는지 없는지에 대한 결론에 이르게 되었을 때 수사를 마치고 최종적인 결정을 하게 된다. 그 최종의 결정을 '종국처분(終局處分)'이라 한다.

한 번 시작된 수사는 언제까지 끝내야 한다는 법적 제한이 있지는 않다. 피의자를 구속하지 않은 경우에는 피의자를 수사하는 데 있어 시간제한을 특별히 받지는 않고, 피의자를 구속한 경우에는 수사 단계에서 경찰이나 검찰이 피의자를 구속할 수 있는 기간이 끝나기 전에 수사를 마치고 기소 여부를 결정해야 하는 제한이 있기는 하지만, 수사기관은 일부 확인된 범죄사실로 먼저 기소를 하고 난 뒤 피의자를 불러 계속 수사를 하기도 하므로, 엄격히 말해 수사를 언제까지 마쳐야 하는 제한이 있는 것은 아니다. 다만 각 범죄에는 처벌법규가 정한 형량에 따라 정해진 공소시효의 기간이 있어, 그 공소시효의 기간이 지나기 전에 수사를 끝내지 않으면 더 이상 피의자를 수사할 수도 처벌할 수도 없게 될 뿐이다.

2.
종국처분에는 무엇이 있는가?

피의자에 대한 수사를 마치고 내리는 종국처분은 크게 ①
공소의 제기(기소)와 ② 공소부제기(불기소)로 나뉜다. 기소는 검
사가 피의자가 범죄를 저질렀고 그에 대한 증거가 확보되었다
고 판단하여 법원에 피의자를 처벌해달라고 법원에 재판을 거
는 처분이다. 불기소는 피의자의 범죄혐의가 사실이 아니거나
사실이라 하더라도 죄가 안 되거나, 혐의는 있지만 범죄를 증명
할 증거가 없거나, 또는 죄를 저질렀다고 보이지만 처벌할 필요
가 없다고 생각할 때 공소를 제기하지 않고 사건을 종결하는 처
분이다.

공소의 제기(기소)

검사가 수사를 마친 후 유죄판결을 받기에 충분하다고 판
단하면 법원에 공소를 제기하게 되는데, 공소의 제기, 즉 기소

도 다시 공판청구(정식기소)와 약식명령청구(약식기소) 두 가지로
나뉜다.

1) 공판청구(정식기소)

공판청구란 피의자를 처벌해달라고 법원에 재판을 거는
기소 중에 공개된 법정에서 「형사소송법」이 정한 증인신문이나
다른 증거조사를 거쳐 유죄와 무죄를 따져 판결을 선고하는 재
판 절차(공판 절차)를 청구하는 것을 말한다. 공판청구도 수사 과
정에서 피의자가 구속되었는지 아닌지 여부에 따라, 피의자가
구속된 상태에서 기소하는 '구속공판청구'와 피의자가 구속되지
않은 상태에서 기소하는 '불구속공판청구'로 나누기도 한다.

구속공판청구든 불구속공판청구든 검사가 공판청구를 할
때는 피의자의 범죄사실을 기재한 공소장을 법원에 제출하는
데, 법원은 재판부를 지정한 뒤 피고인의 신분이 된 피의자에게
이를 발송하여 재판에 대응하도록 하며, 법정에서 재판을 진행
할 공판기일을 지정하여 출석하도록 통지한다.

피고인이 법정에 출석하면 재판부는 피고인의 인적 사항
을 확인한 뒤 검사가 제출한 공소장에 기재된 범죄사실(공소사실)
을 인정하는지 인정하지 않는지를 묻고 범죄사실을 증명하고자
검사가 제출하는 증거에 대하여 조사를 하게 된다. 만약 피고
인이 공소사실을 모두 인정하면, 재판부는 검사가 제출하는 증

거에 대하여 간이하게 조사하고 이상이 없으면 재판을 모두 마치고 피고인에 대한 형을 선고하는 기일(선고기일)을 지정하며 선고기일에 피고인에 대한 형을 선고하는 것이 통상적인 절차다. 그에 반해 피고인이 공소사실을 인정하지 않으면, 재판부는 '합리적인 의심의 여지가 없을 정도'로 공소사실을 증명하고 있는지 검사가 제출하는 증거에 대하여 보다 엄격한 조사를 하게 된다. 이때는 다음 재판기일을 정하여 피고인의 범죄사실로 피해를 입은 피해자나 목격자, 기타 범죄사실에 관하여 증언할 수 있는 사람들을 법정에 증인으로 불러 증언을 듣거나, 물건에 대하여 감정을 하거나, 통신회사나 은행에 자료를 달라고 요청하여 받은 자료를 검토하는 등 여러 증거조사를 거쳐 최종적인 판단을 하게 된다.

2) 약식명령청구

수사 결과 검사가 보기에 피의자가 벌금형을 선고받으면 적절한 처벌이라 판단하고 피의자에 대하여 벌금형에 처해달라고 법원에 기소하는 것을 약식명령청구(약식기소)라 한다. 약식기소가 되면 법원은 공개된 법정에서 진행하는 공판을 열지 않고, 검사가 제출한 공소장과 증거 기록을 검토한 뒤 검사가 청구한 대로 피고인에게 약식명령을 발부할 것인지 아닌지 결정하게 된다.

약식명령청구사건을 배당받은 재판부가 해당 사건의 피고인을 벌금형으로 처벌하는 것이 적절하지 않다거나 무작정 피고인에게 벌금형을 선고할 것이 아니라, 충분한 증거조사를 통해 유무죄를 판단해야 할 사안이라 판단하면 약식명령을 발부하는 대신 정식재판에 회부하는 결정을 한다. 재판부가 약식명령청구사건을 정식재판에 회부하게 되면, 그 사건은 새로운 재판부에게 배당되어 앞에서 설명했던 공판 절차, 즉 검사가 약식명령이 아닌 공판청구를 했을 때 공개된 법정에서 진행되는 재판 절차로 넘어가 증거조사 등의 절차를 공개된 법정에서 가지게 되는 것이다. 재판부가 약식명령청구사건을 직권으로 정식재판에 회부하는 일은 자주 있지는 않은데, 피의자가 범죄사실을 자백하고 사건 자체가 경미할 때 검사가 약식명령을 청구하므로 이러한 청구를 받은 재판부도 특별한 사정이 없으면 검사가 청구한 대로 약식명령을 발부하기 때문이다.

검사의 청구에 따라 재판부가 피고인에게 약식명령을 발부하면, 피고인에게는 피고인의 범죄사실과 '피고인을 벌금 ㅇㅇㅇ원에 처한다'는 내용이 기재된 약식명령이 우송된다. 피고인은 약식명령을 그대로 받아들일 수도 있지만, 만약 약식명령에 기재된 범죄사실을 인정하지 않고 다투고 싶거나 약식명령으로 선고된 벌금형이 너무 많다고 생각되면 약식명령에 불복하여 정식재판을 청구할 수 있다. 정식재판을 청구하게 되면,

앞서 법원이 약식명령청구사건을 정식재판에 회부한 것과 똑같이 약식명령사건은 새로운 재판부에게 배당되어 공판 절차로 넘어가게 되는 것이다.

유의할 점은 피고인이 약식명령에 불복하여 정식재판을 청구하려면 약식명령을 받은 날(등본을 송달받은 날)부터 7일 이내에 청구해야 한다는 점이다. 만약 7일 이내에 정식재판을 청구하지 않으면 그 사건에 대해서는 더 이상 다툴 수 없게 된다. 정식재판을 청구하려면 정식재판청구서를 작성하여 약식명령을 발부한 법원에 제출하여야 한다.

3) 즉결심판청구

형법이나 다른 형벌법규가 규정하고 있는 거의 모든 수사사건의 종국처분은 검사가 하지만, 검사가 누리고 있는 이러한 기소독점권의 예외로 검사가 아닌 자가 피의자에 대하여 수사를 종결하고 직접 기소할 수 있는 사안이 바로 즉결심판청구이다. 즉결심판청구란 20만 원 이하의 벌금·구류·과료에 해당하는 경미한 사건에 한해 경찰은 피의자에 대한 수사를 마치고 검찰에게 사건을 송치하지 아니하고 자체적으로 종국처분을 하게 되는데, 이때 피의자를 기소하기로 하는 경우에는 경찰서장이 법원에 즉결심판을 청구하게 된다.

즉결심판은 원칙적으로 피고인이 법원이 정한 재판기일에

출석해야 개정할 수 있다. 그러나 법정에 출석한다는 것은 직장에 다니거나 재판기일에 다른 급한 일이 있는 사람에게는 매우 부담스러운 것이 사실이다. 그래서 「즉결심판 절차에서의 불출석심판청구 등에 관한 규칙」은 즉결심판도 불출석 상태에서 받을 수 있도록 하고 있다. 즉 경범죄에 대한 통고처분을 받은 사람이나 교통범죄로 인해 통고처분을 받은 사람이 범칙금을 납부하지 않아서 즉결심판에 회부된 경우, 피고인은 불출석심판을 청구할 수 있게 한 것이다. 불출석심판을 청구하기 위해서는 납부하여야 할 범칙금의 1.5배를 예납하고 불출석심판청구서를 제출하여야 한다. 이 경우 특별한 사정이 없는 한 법원은 그 불출석심판청구를 허가하여야 한다.

즉결심판의 결과에 불복하는 경우, 피고인은 즉결심판 선고를 받은 날부터 7일 이내에 정식재판청구서를 경찰서장에서 제출하여야 한다. 만약 불출석 상태에서 즉결심판을 선고받은 경우에는 즉결심판서 등본을 피고인에게 송달하여 고지하기 때문에, 그 등본을 받은 날부터 7일 이내에 정식재판청구서를 경찰서장에서 제출해야 한다. 정식재판을 청구하면 그다음부터는 통상의 공판 절차로 재판이 진행된다.

공소부제기(불기소)

통상 '불기소처분'이라 부르는 공소부제기는 수사 결과 기소할 수 있는 요건이 충분하지 않아 기소가 불가능하거나, 비록 기소가 가능하더라도 기소할 필요가 없다고 판단하여 검사가 기소하지 않겠다고 결정한 종국처분을 말한다. 불기소처분은 사유별로 여러 종류가 있다.

1) 공소권 없음

'공소권 없음'의 불기소처분은 기소할 수 있는 요건이 구비되지 못한 경우나 반드시 형을 면제해야 할 사유가 있는 경우에 행하는 처분이다. 대표적인 예로 같은 사건에 대해 이미 유죄든 무죄든 확정판결을 받은 경우나 사면을 받은 경우, 공소시효가 이미 완성된 경우, 법률이 바뀌어서 형이 폐지된 경우, 피해자가 고소해야만 수사와 처벌을 할 수 있는 친고죄에서 고소가 취하되거나, 피해자의 고소가 없어도 수사는 가능하지만 피해자가 처벌을 원치 않는다는 의사를 표시하면 처벌할 수 없는 반의사불벌죄에서 피해자가 처벌을 원하지 않는다는 의사를 밝힌 경우, 피의자가 사망한 경우가 있다.

예를 들어 단순 폭행죄는 반의사불벌죄이기 때문에 가해자와 합의한 피해자가 처벌을 원하지 않는다는 의사를 밝히면 더 이상 수사를 진행할 수 없고 검사는 '공소권 없음'이라는 불기소처분을 하게 된다. 폭행으로 입건됐을 경우 합의를 많이 하는 이유도 피해자가 합의에 동의해주고 처벌을 원하지 않는다는 의사를 표시할 경우 입건된 사람은 공소권 없음이라는 불기소처분을 받기 때문이다.

2) 죄가 안 됨

'죄가 안 됨'의 불기소처분은 범죄의 구성요건에는 해당하지만 위법성이 없거나 책임이 없기 때문에 범죄가 성립될 수 없는 경우에 행하는 처분이다. 폭행죄의 구성요건은 충족하지만 정당방위가 인정되어 위법하다고 볼 수 없을 경우, 또는 피의자가 형사미성년자라서 책임이 없으므로 범죄가 성립할 수 없는 경우가 이에 해당한다. 예를 들어 사람을 밀쳤으므로 폭행죄의 구성요건은 충족한다고 할 수 있지만 그 이유가 자신을 방어하기 위하여 밀친 것이므로 정당방위가 되거나 사회적으로 용인될 수 있는 정당행위로서 위법성을 인정할 수 없을 때, 또는 나이가 만 14세 미만이기 때문에 형사미성년자로서 형사책임을 물을 수 없을 경우가 '죄가 안 됨'의 불기소처분을 하게 되는 대표적인 사례다. 만약 이런 사유가 있음에도 검사가 기소를 했다면 법원에서는 무죄판결을 선고하여야 한다.

3) 혐의 없음(무혐의)

'혐의 없음'의 불기소처분은 피의사실에 대해 객관적 혐의를 인정할 수 없는 경우에 하는 처분이다. 흔히 무혐의처분이라 부르기도 한다. 예를 들어 피의자의 알리바이가 성립되거나, 진범이 따로 나타나서 피의사실이 인정되지 않는 경우, 또는 유죄의 판결을 받기에 충분한 증거가 없는 경우에 행하는 처분이다.

4) 기소유예

'기소유예'의 불기소처분은 범죄혐의가 인정되고 공소제기가 가능하지만, 여러 가지 사정을 참작해서 기소할 필요가 없는 경우에 행하는 처분이다. 즉 기소유예는 수사한 결과 범죄혐의는 인정되나 피의자의 범행 정도, 반성 여부, 피해보상, 피해자의 처벌불희망, 재범의 위험성 등을 고려하여 기소하지 않는 것이 무작정 기소하는 것보다는 여러 측면에서 적당하다고 판단하여 내리는 처분이다.

기소유예처분은 비록 기소하지는 않지만 일단은 범죄혐의가 인정된다는 것을 전제로 하고 있기 때문에, 불기소처분 종류 중에서 가장 본인에게 불리한 처분일 수 있다. 따라서 범죄혐의가 없는데 검사가 무혐의 불기소처분을 한 것이 아니라 기소유예처분을 하면, 이는 개인적으로 불명예일 뿐 아니라 기본권을 침해당한 것이 된다. 따라서 기소유예처분을 당한 피의자는 헌법재판소에 헌법소원을 청구할 수 있다. 헌법재판소는 무혐의자에 대한 기소유예처분이 헌법 제10조 행복추구권, 제11조 평

등권, 제27조 제1항 재판청구권을 침해한다는 취지로 헌법소원을 청구한 사람의 손을 들어주었다(헌법재판소 1992. 6. 26.자 92헌마7 결정).

5) 각하

'각하'의 불기소처분은 고소나 고발사건에 한해서 행하는 처분이다. 고소·고발사건의 경우 고소인이나 고발인의 진술 또는 고소장, 고발장의 기재만을 보더라도 더 이상 수사의 필요성이 인정되지 않을 정도로 '혐의 없음' '죄가 안 됨' '공소권 없음'의 사유에 해당함이 명백한 경우에 행한다. 이 경우는 통상 고소인이나 고발인만을 조사하고 피의자나 참고인은 조사하지 않은 채 불기소처분을 하게 된다.

6) 기소중지

'기소중지'처분은 피의자의 소재가 확인되지 않아 수사를 끝낼 수 없는 경우, 피의자의 소재를 파악할 때까지 잠정적으로 수사를 중지하는 처분이다. 예를 들어 범인이 누구인지 전혀 알 수 없는 상태로 단기간 내에 판명할 수도 없는 경우, 피의자가 도피해서 행방을 알 수 없는 경우, 피의자의 해외여행 등으로 장기간에 걸쳐서 피의자를 조사할 수 없는 경우에 행하는 처분이다.

피의자의 소재불명 등으로 기소중지를 하는 경우는 피의자의 소재를 밝히기 위한 지명통보나 지명수배조치를 함께한다. 지명통보는 피의자의 소재가 발견된 경우 피의자에게 수사관서로 출석할 것을 통보하는 것이고, 지명수배는 피의자를 발견한 경우 체포나 구속 등의 조치를 취하는 것이다. 즉 지명통보자가 발견된 경우는 그에게 출석할 것을 통보하는 것에 그치지만, 지명수배자가 불심검문 등으로 발견된 경우는 즉시 체포되어 지명수배를 한 경찰청이나 검찰청에 신병이 인계된다. 그러나 이 경우 반드시 구속되는 것은 아니고 가족 등이나 주위 사람들이 출석을 보장하겠다는 신원보증을 하여 더 이상 도주할 우려가 없는 경우라면 석방될 수도 있다.

검사가 수사를 종료하여 피의자에게 불기소처분을 하면 피의자에게 통지하여야 하고, 만약 고소인이나 고발인이 있으면 그 결정한 사실을 고소인이나 고발인에게 통지하여야 한다 (「형사소송법」 제258조). 수사를 받은 피의자는 자신에 대한 수사 결과가 어떻게 나올지 불안한 심리상태에 있을 수밖에 없다. 따라서 검사가 피의자를 불기소처분하면 즉시 피의자에게 그 취지를 통지하도록 규정하고 있는 것이다.

고소인이나 고발인에게도 불기소처분 사실을 통지하도록 한 것은, 검사의 불기소처분이 부당하다고 판단하면 고소인이나 고발인이 불기소처분에 다툴 수 있는 기회를 제공하는 등 고소인의 권리를 보호하기 위한 것이다.*

---

* 검사의 불기소처분에 대하여 고소인이나 고발인이 취할 수 있는 구제수단에 대하여는 '제7장 범죄의 피해자가 된 경우' 중 관련된 부분을 참고하기 바란다.

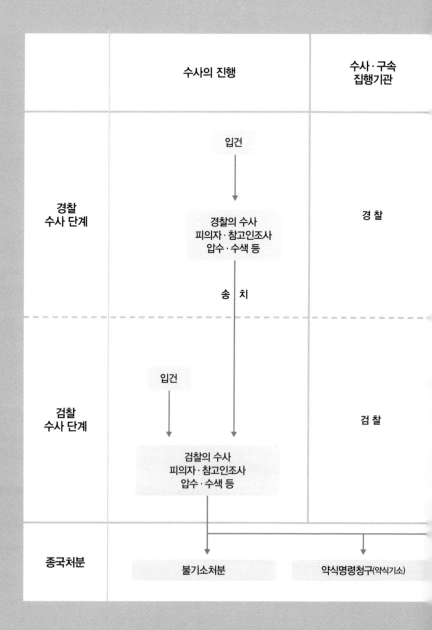

	수사의 진행	수사·구속 집행기관
경찰 수사 단계	입건 ↓ 경찰의 수사 피의자·참고인조사 압수·수색 등 송 치	경 찰
검찰 수사 단계	입건 ↓ 검찰의 수사 피의자·참고인조사 압수·수색 등	검 찰
종국처분	불기소처분	약식명령청구(약식기소)

구속영장의 발부와 집행

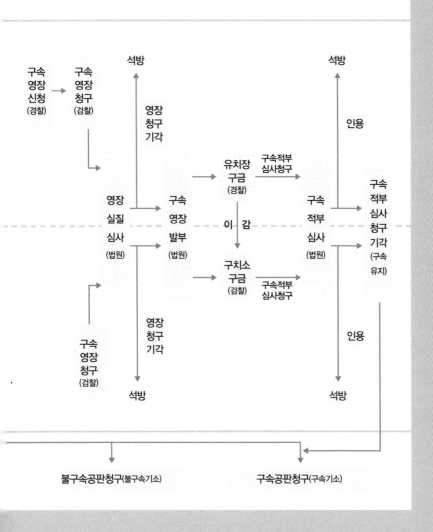

Q. 연행이 되면 항상 입건돼서 수사를 받게 되는가?

A. 연행(체포)이 되었다고 해서 항상 입건되는 것은 아니다. 미성년자인 학생이 연행되었더라도 경찰에서 별도의 조사를 하지 않고 석방하는 경우나, 길거리에서 사소한 다툼을 벌여 싸운 사람들이 지구대로 함께 연행되었다가 서로 화해하면 석방되는 경우가 있다. 이것을 '훈방(훈계방면)'이라고 하는데 잘 타일러서 내보낸다는 의미로써 수사기관이 경미한 사안으로 판단해서 입건하지 않고 석방하는 것을 말한다.

「형사소송법」에 의해 경찰은 원칙적으로 검사의 지휘를 받아서 수사를 해야 하지만, 입건하지 않고 훈방하여 사건을 종료할 수 있는 재량권도 가지고 있다. 입건되지 않고 바로 훈방되면 사건은 그것으로 종료하게 된다.

Q. 약식명령을 받고 정식재판을 청구할 예정인데 그사이에 가납벌과금 납부 고지서가 도착했다. 일단 벌과금은 납부해야 하는가?

A. 가납이란 약식명령을 받고서 제때 정식재판을 청구하지 않는 등의 사유로 약식명령에 대하여 더 이상 다툴 수 없는 상태가 되기 전에, 확정된 이후에는 벌금을 집행할 수 없거나 집행하기 곤란한 염려가 있다고 인정될 경우 미리 벌금을 납

부하도록 명령하는 것이다. 따라서 정식재판으로 벌금을 다툰다면 미리 가납을 하지 않고 판결이 확정된 이후에 벌금을 납부해도 된다. 혹시나 해서 벌금을 미리 납부했는데 정식재판에서 무죄가 선고되었거나 납부한 벌금보다 적은 액수로 선고가 되었다면 가납한 벌금은 환급받을 수 있다.

Q. 벌금의 납부를 연기하거나 분납할 수 있는가?

A. 벌금은 형벌의 일종이므로 일단 벌금형이 확정되면 집행절차에 들어가게 된다. 벌금이 확정된 후 납입기한 안에 납입하지 않으면 지명수배가 되기도 한다.

벌금이 확정되어 납부하긴 해야 하는데 여력이 없는 사람들을 위해 「재산형 등에 관한 검찰집행 사무규칙」 제12조는 분할납부·납부연기를 규정하고 있다. ① 「국민기초생활 보장법」에 따른 수급권자 ② 「국민기초생활 보장법」에 따른 차상위계층 중 가. 「의료급여법」에 따른 의료급여 대상자, 나. 「한부모가족 지원법」에 따른 보호 대상자, 다. 자활사업 참여자 ③ 장애인 ④ 본인 외에는 가족을 부양할 사람이 없는 사람 ⑤ 불의의 재난으로 피해를 당한 사람 ⑥ 납부의무자 또는 그 동거 가족이 질병이나 중상해로 1개월 이상의 장기 치료를 받아야 하는 경우 그 납부의무자 ⑦ 「채무자 회생 및 파산에 관한 법률」에 따른 개인회생 절차 개시 결정자 ⑧ 「고용보험법」

에 따른 실업급여 수급자 ⑨ 그 밖의 부득이한 사유가 있는 사람이 분할납부(납부연기) 신청서를 제출하고 검사의 허가를 받으면 분납이나 납부 연기가 가능하다.

제7장

범죄의 피해자가 된 경우

이제까지는 범죄의 의심을 받아 수사의 대상이 된 경우를 살펴보았다. 지금부터는 자신이 범죄의 피해자가 된 경우 수사절차에서 어떻게 대응할 것인지 살펴보기로 한다.

범죄의 피해자가 된 경우 피해자가 가해자에 대하여 취할 수 있는 법적조치는 크게 보아 (i) 가해자를 형사처벌하도록 하는 방안과 (ii) 가해자로부터 자신이 입은 피해를 회복받기 위한 민사상 청구로 나눌 수 있다. 민사상 청구는 피해자가 가해자를 상대로 피해를 회복하는 데 필요한 청구를 법원 등에 제기하는 것인데, 이는 형사절차와 별개의 문제이므로 이 책에서는 따로 살펴보지 않는다.

1.
형사소추의 발동 - 고소

고소의 의미

앞에서도 설명하였지만, 범죄의 피해자나 그와 일정한 관계에 있는 자가 범죄사실을 수사기관에 신고하여 그 수사와 범인의 처벌을 요구하는 의사표시를 '고소'라 한다. 경찰 또는 검찰과 같은 수사기관에 대하여 하는 것이므로 다른 국가기관에 대하여 진정서를 제출하는 것은 고소가 아니다. 고소는 그 주체가 피해자 등 고소권자에 한한다는 점에서 고발과 구별된다. 고소는 고발과 마찬가지로 수사기관에 접수되는 대로 수사의 단서가 되어 수사기관은 수사를 개시하게 된다.

고소권자와 고소방식

고소할 수 있는 사람은 ① 범죄행위의 피해자 ② 피해자의 친권자 · 후견인 ③ 피해자가 사망한 경우 피해자의 친족 등이다. 고소권자라 하더라도 본인이나 배우자의 직계존속을 고소할 수는 없다(「형사소송법」 제224조).* 다만 성폭력범죄에 대해서는 자기 또는 배우자의 직계존속도 고소할 수 있다.

고소권자는 가해자를 직접 고소할 수도 있고, 대리인에게 고소할 수 있는 권한을 위임하여 대리인을 통해 고소할 수도 있다. 대리인을 통해 고소하는 경우에는 고소장에 고소권한을 위임한다는 취지로 작성한 고소인의 위임장을 첨부하여야 한다.

고소권자가 고소를 하려면 서면 또는 말로 경찰관이나 검사에게 해야 한다. 고소권자가 구두로 고소하는 경우, 검사 또는 사법경찰관은 구두로 고소하는 내용을 조서로 만들어야 한다. 구두로 고소할 수 있다고는 하지만, 거의 모든 고소는 고소장이라는 서류를 작성하여 수사기관에 제출하는 방식으로 진행되고 있다. 고소장은 가해자인 피고소인의 주소지, 거소지, 현재지 또는 범죄지를 관할하는 수사기관(검사 또는 사법경찰관)에 제출하는 것이 원칙이지만, 사정이 있어 직접 제출하는 것이 곤란할 경우에는 우편이나 대리인을 통해 제출할 수 있다.

친고죄

고소가 특히 중요한 것은 친고죄이다. 왜냐하면 다른 범죄

---

* 고소와 마찬가지로 본인이나 배우자의 직계존속을 고발하지 못한다(「형사소송법」 제235조).

는 고소가 없더라도 수사기관이 다른 경로로 범죄사실을 파악하여 입건한 뒤 수사를 하고 가해자를 처벌할 수도 있지만, 친고죄의 경우에는 고소권자의 적법한 고소 없이는 수사를 할 수도 없고 가해자를 처벌할 수도 없기 때문이다.

형법상 친고죄는 몇 가지에 불과하다. 사자(死者)의 명예훼손죄(제308조), 모욕죄(제311조), 비밀침해죄(제316조), 업무상 비밀누설죄(제317조)가 대표적인 친고죄이다. 그 밖에 권리행사방해죄(제323조), 절도죄(제329조), 사기죄(제347조), 공갈죄(제350조), 횡령죄 및 배임죄(제355조), 장물취득죄(제362조) 같은 재산범죄는 범인과 피해자가 직계혈족, 배우자, 동거친족, 동거가족 또는 그 배우자 사이라면 처벌할 수 없고, 범인과 피해자가 그 외의 친족관계라면 피해자가 친족인 범인을 고소해야 범인을 처벌할 수 있는 친고죄이다.

친고죄와 관련하여 특히 유념할 것은 법령의 개정으로 종전까지 친고죄로 규정하고 있던 성범죄가 모두 비친고죄로 변경되었다는 점이다. 형법은 과거 추행·간음·결혼목적 약취·유인죄, 추행·간음 목적으로 약취·유인된 자의 은닉·수수죄, 만 19세 이상의 여성에 대한 강간 또는 강제추행죄, 업무상 위력 등에 의한 간음죄, 위계·위력 등에 의한 간음(추행)죄, 13세 미만 자에 대한 의제강간(강제추행)죄를 친고죄로 규정했고, 「성폭력범죄의 처벌 등에 관한 특례법」에 업무상 위력 등에 의한 추행죄, 공중밀집장소에서의 추행죄, 통신매체를 이용한 음란 행위를 친고죄로 규정했다. 그러나 2013년 6월 19일부터 시행된 개정 형법과 「성폭력범죄의 처벌 등에 관한 특례법」에 따라 위 범죄는 모두 비친고죄가 되었다. 따라서 위 범죄들이 개정 형법과 「성폭력범죄의 처벌 등에 관한 특례법」의 시행 전에 발생했다면 여전히 친고죄로 남지만, 그 이후에 발생했다면 고소권자의 고소 없이도 수사와 형사처벌이 가능하게 되었다.

친고죄는 '범인을 알게 된 날부터 6개월 이내'에 고소해야 한다(「형사소송법」 제230조). 여기서 '범인을 알게 된 날'이란 범죄행위가 있었고 범인이 누구인지 특정할 수 있을 정도의 인식을 요구하는 것이지, 범인의 주소와 성명 등 기타 인적 사항까지 알아야 하는 것은 아니다.

고소의 취소

고소를 한 자는 고소를 취소할 수 있다. 피해자가 미성년자인 경우에도 피해자가 의사능력이 있다면 단독으로 고소를 취소할 수 있다. 피해자인 미성년자 본인은 고소를 할 수 있고 자신이 한 고소를 스스로 취소할 수도 있지만, 미성년자의 법정대리인은 미성년자를 위하여 독립적으로 고소할 수는 있어도 미성년자 본인이 한 고소를 미성년자 본인의 의사와 관계없이 법정대리인이 취소하지는 못한다.

고소를 취소하려면 고소취소장을 작성해서 공소가 제기되기 전에는 수사를 하고 있는 경찰이나 검찰에, 공소를 제기한 뒤에는 법원에 제출할 수 있고, 서류가 아니더라도 수사기관이나 법정에 출석하여 구두로 취소할 수도 있다. 고소를 취소한 사람은 다시 고소할 수 없다. 친고죄가 아닌 범죄의 경우 언제든 고소를 취소할 수 있지만, 고소를 취소했다고 하더라도 검찰이 공소를 제기하거나 법원이 범인을 처벌하는 데 지장이 없다. 피해자가 가해자를 고소한 뒤 가해자가 수사를 받는 동안이나 검사가 가해자를 기소하여 가해자가 재판을 받는 동안에 고소인과 피고소인이 원만히 합의하여 합의서를 제출하면 통상 고소를 취소한 것으로 받아들이고 있지만, 고소를 취소한다는 명백한 의사표시 없이 단지 '민사상·형사상 이의를 제기하지 않는다'는 취지의 합의서를 법원에 제출한 것뿐이라면 그러한 합의서를 제출한 뒤에 고소인이 법정에서 고소취소의 의사가 없다고 진술하면 고소는 취소되지 아니한다(대법원 1980. 10. 27. 선고 80도1448 판결).

허위로 고소하는 경우

만약 타인으로 하여금 형사처벌을 받게 할 목적에서 허위로 고소한 것이 밝혀지면 형법상 무고죄가 성립할 수 있다(형법 제156조). 무고죄가 성립하면 10년 이하의 징역, 1500만 원 이하의 벌금에 처하게 되고, 실무상으로도 매우 엄하게 처벌되고 있다. 따라서 고소를 하면서 무작정 가해자에 대한 감정적 분노나 증오감에 사로잡혀 사실관계를 심하게 과장하거나 허위의 사실을 기재하여 고소할 경우, 역으로 무고죄로 처벌받을 수 있다는 점을 유념하여야 한다. 다만 고소인이 고소하면서 법의 무지로 비록 죄명을 잘못 적었다 하더라도, 그 고소 내용이 객관적인 사실관계를 거짓 없이 신고한 것인 이상 피고소인들은 무고죄가 되지는 않는다(대법원 1984. 5. 29. 선고 83도3125 판결).

고소에 대하여 검사에게서 불기소처분통지서를 받은 경우

고소인이 가해자를 고소한 경우 검사는 피고소인, 즉 피의자를 수사한 결과를 고소권자에게 통지하여야 한다. 피고소인을 기소했으면 언제 어느 법원에 어떤 내용으로 기소했는지, 그와 달리 기소하지 않고 불기소처분을 하였다면 언제 어떤 사유로 불기소처분을 했는지 사건 처리 후 7일 이내에 고소인에게 사건 처리의 취지를 통지하여야 한다. 해당 수사관서가 고소사건을 접수하였다가 다른 관서로 사건을 이첩하거나 송치한 경우에도 마찬가지로 고소인에게 통지하도록 하고 있다.

고소인이 검사에게서 고소사건의 피고소인에 대하여 불기소처분하였다는 통지를 받은 경우, 고소인은 검사가 피고소인을 불기소한 상세한 이유를 확인할 필요가 있고 그렇게 할 권리가 있다. 고소인이 불기소 이유에 대한 확인을 청구하면 검사는 7일 이내에 불기소 이유를 서면으로 설명하여야 한다.

검사의 불기소처분을 통지받은 경우 고소인이 불기소처분에 불복하여 다툴 수 있는 방법은 아래와 같다.

불기소처분에 대한 고소인의 불복

1. 항고(抗告)

검사의 불기소처분에 불복하는 고소인은 검사의 처리결과 통지를 받은 날부터 30일 내에 관할 고등검찰청의 검사장을 상대로 하여 그 검사가 속하는 지방검찰청 또는 지청에 항고장을 접수한다. 고소인이 항고하면 고등검찰청 검사가 고소사건을 다시 한 번 검토하게 되는데, 그 절차가 바로 항고이다.

2. 재정신청(裁定申請) 또는 재항고(再抗告)

위와 같이 항고를 거친 결과 고등검찰청으로부터 검사의 불기소처분이 타당하다며 항고를 기각하는 결정을 통지받은 경우, 고소인은 (i) 불기소처분을 한 검사가 속한 지방검찰청 소재지를 관할하는 고등법원에 재정신청을 하여 검사의 불기소처분이 타당한지 법원의 심사를 받거나 (ii) 대검찰청에 다시 한 번 검사의 불기소처분이 타당한지 검토해달라고 재항고를 하는 것 중 어느 하나를 선택할 수 있다.

재정신청은 기본적으로 항고한 사건에 대하여 항고기각의 결정을 받은 날부터 10일 이내에 지방검찰청검사장 또는 지청장에게 재정신청의 대상이 되는 사건의 범죄사실 및 증거 등을 기재한 재정신청서를 제출하는 방식

으로 하여야 하고, 재항고는 항고기각의 결정을 받은 날부터 30일 이내에

검찰총장을 상대로 하여 항고기각의 결정을 한 고등검찰청에 재항고서를

제출하는 방식으로 하여야 한다.

2.
형사조정제도

형사조정제도란?

형사조정제도는 민사적 분쟁의 성격을 가지는 고소사건이 접수되었을 때, 검사가 고소인과 피고소인의 동의를 얻어 각 분야 전문가들로 구성된 '형사조정위원회'에 조정을 의뢰해 당사자 간의 합의를 유도하는 제도이다. 범죄의 가해자와 피해자 사이의 형사분쟁에 대하여 공정하고 원만한 해결을 통해 피해자가 피해를 실질적으로 회복하도록 하고, 지역사회의 동참을 통한 형사분쟁의 자율적 해결을 촉진하는 제도이다. 범죄의 가해자와 피해자 사이에 원만하게 조정이 이루어진다면 피해자는 따로 민사소송을 하지 않아도 신속히 피해를 보상받을 수 있고, 가해자는 정상참작을 사유로 불기소처분이나 가벼운 처벌을 받게 됨으로써 신속히 분쟁을 해결할 수 있는 이점이 있다.

형사조정사건의 대상

형사조정 대상 사건은 다음과 같다.

1. 차용금, 공사대금, 투자금 등 개인 간 금전거래로 인해서 발생한 분쟁으로 사기, 횡령, 배임 등으로 고소된 재산범죄사건
2. 개인 간의 명예훼손·모욕, 경계 침범, 지식재산권 침해, 임금체불 등 사적 분쟁에 대한 고소사건
3. 위 제1호 및 제2호에서 규정한 사항 외에 형사조정에 회부하는 것이 분쟁해결에 적합하다고 판단되는 고소사건
4. 고소사건 외에 일반 형사사건 중 위 제1호부터 제3호까지에 준하는 사건

그러나 위 형사사건에 해당하더라도 ① 피의자가 도주하거나 증거를 인멸할 염려가 있는 경우 ② 공소시효의 완성이 임박한 경우 ③ 불기소처분의 사유에 해당함이 명백한 경우(단기소유예처분의 사유에 해당하는 경우는 제외)에는 형사조정에 회부되지 않는다.

형사조정의 절차

검사는 범죄 가해자와 피해자 사이의 형사분쟁을 공정하고 원만하게 해결하여, 범죄 피해자가 입은 피해를 실질적으로 회복하는 데 필요하다고 인정하면 당사자의 신청 또는 직권으

로 수사 중인 형사사건을 형사조정에 회부할 수 있다. 당사자들이 형사조정 내용에 동의하지 않을 경우 사건은 통상의 절차대로 진행되게 된다.

각급 지방검찰청 및 지청에 있는 형사조정위원회는 형사조정이 회부되면 지체 없이 형사조정 절차를 진행해야 한다. 형사조정 절차를 개시하기 위해서는 당사자의 동의가 있어야 하며, 당사자가 제1회 형사조정 절차 개시 이전까지 형사조정 절차에 동의하지 않을 뜻을 명확히 하면, 형사조정이 더 이상 진행되지 않고 해당 사건은 담당 검사에게 회송한다.

형사조정을 위해 형사조정위원회는 형사조정을 회부한 검사에게 해당 형사사건에 관해 당사자가 제출한 서류 등 관련 자료의 사본을 보내달라고 요청할 수 있다. 당사자는 해당 형사사건에 관한 사실의 주장과 관련된 자료를 형사조정위원회에 제출할 수 있다. 형사조정 절차가 끝나면 형사조정 과정과 형사조정 결과를 기록한 서면을 붙여서 해당 형사사건을 형사조정에 회부한 검사에게 보낸다.

담당 검사는 형사조정성립을 정상참작 사유로 고려하여 사건에 대한 처분을 한다. 그렇지만 형사조정을 통해 고소사건의 당사자들 사이에 합의를 하였어도 합의된 모든 사건에 불기소 처분을 하는 것은 아니다. 합의는 했지만 범죄혐의가 인정되고 사안이 중대한 경우 형사처벌을 받도록 법원에 기소를 할 수 있고, 기소를 하는 경우에도 합의한 사실을 고려하여 보다 가벼운 처벌을 받게 된다. 당사자들 사이에 합의가 되지 않고 형사조종위원회에서 불성립될 경우에는 검사가 다시 사건을 송치받아 통상의 절차대로 조사를 한 후 사건에 대한 기소 등 처분을 하게 된다.

형사조정의 사례

현재까지 알려진 대표적인 형사조정 사례는 아래와 같다.

사례 1

광고회사를 운영하는 대표이사인 피의자가 자신의 사무실에서 고소인이 개발하여 공표한 저작물을 무단으로 사용하여 저작권을 침해한 사건에서, 형사조정위원회는 가해자에게 저작권 위반 및 처벌에 관한 부분을 설명하고, 가해자가 진심 어린 사과를 하고 피해변상책임이 있음을 확인하기로 조정이 성립하였다.

사례 2

국제결혼한 베트남 이주여성이 남편의 교통사고 사망보험금을 수령한 남편의 친형을 횡령으로 고소하였는데, 권리구제의 사각지대에 놓인 이주여성이 신속하게 피해를 구제받을 수 있도록 형사조정 절차가 진행되었고, 가해자가 피해자에게 일시금으로 8000만 원을 지급하고 나머지 1억2000만 원을 분할하여 지급하는 조정이 성립하였다.

3.
수사 과정에서 피해자의 보호와 구제

범죄의 피해자는 범죄 그 자체로 피해를 입지만, 범죄에 대한 수사 과정과 그 이후 가해자가 기소된 경우에는 재판 과정에서도 피해를 입는 경우가 빈번하게 발생하고 있다. 예를 들어 아동이 성범죄의 피해자가 되었을 때, 분별 없는 언론의 보도경쟁 때문에 아동의 신상이나 얼굴이 노출되고 가해자와 대질신문을 하는 고통을 당하는 것이 대표적이다. 이러한 2차 피해를 줄이기 위해 수사나 재판 절차에서 범죄의 피해자가 보호받을 수 있는 몇 가지 제도가 도입되었는데, 아래에서는 이에 관하여 살펴보기로 한다.

범죄 피해자 보호·구호제도 일반

1) 수사기관의 범죄 피해자 보호 원칙

가장 기본적인 원칙으로 수사기관은 범죄 피해자와 그 가족(이하 '피해자 등'이라 함)의 심정을 이해하고 그 인격을 존중하며 신체적·정신적·경제적 피해의 회복과 권익증진을 위해 노력할 의무가 있다(「범죄수사규칙」 제200조 제1항). 범죄의 피해자는 마땅히 보호를 받아야 하며, 마치 피해자가 잘못하여 범죄가 발생하였다거나 범죄를 유도하였다는 식의 눈총을 받아서는 안 된다. 범죄는 범죄자 개인의 인성과도 관련이 있지만 사회구조적 원인과도 밀접한 관련이 있으므로, 범죄의 발생 원인을 피해자 개인의 성격이나 행위에 빗대어서는 해당 범죄를 원활하게 해결할 수도 없고, 전체로서의 범죄를 구조적으로 해결하거나 감소시킬 수도 없음을 명심해야 한다.

2) 피해자를 동행할 때와 조사할 때 준수사항

수사기관은 피해자를 경찰관서 등으로 데리고 갈 때 특별한 사정이 없는 한 피의자 등과 따로 데리고 간다(「범죄수사규칙」 제201조). 또 수사기관은 피해자 등에게 권위적인 태도, 불필요한 질문으로 수치심 또는 모욕감을 유발하지 않도록 유의하여야 하며(「범죄수사규칙」 제202조 제1항), 피해자 등을 조사할 때 상황을 고려하여 조사에 적합한 장소를 이용하고, 피해자 등이 불안 또는 괴로움을 느끼지 않도록 주의하여야 한다(「범죄수사규칙」 제202조 제2항).

또 수사기관은 피해자를 조사할 때 연령, 심신의 상태, 그 밖의 사정을 고려하여 피해자가 현저하게 불안 또는 긴장을 느낄 우려가 있다고 인정되는 때는 직권 또는 피해자·법정대리인·검사의 신청에 따라 피해자와 신뢰 관계에 있는 사람을 동석하게 할 수 있다(「형사소송법」 제221조 제3항). '피해자와 동석할 수 있는 신뢰 관계에 있는 사람'이란 피해자의 직계친족, 형제자매, 배우자, 가족, 동거인, 보호시설 또는 교육시설의 보호자 또는 교육 담당자 등 피해자의 심리적 안정과 원활한 의사소통에 도움 줄 수 있는 사람을 말한다(「범죄수사규칙」 제62조 제1항).

3) 피해자 등에 대한 정보제공

수사기관은 범죄사건을 처리하는 과정에서 피해자 등에게 ① 형사절차의 개요 ② 피해자 진술권, 변호인·신뢰 관계 있는 사람의 조력을 받을 권리 등 형사절차상 피해자의 권리에 관한 사항 ③ 범죄피해자구조금제도, 배상명령제도 등 피해자지원제도에 관한 사항 등의 정보를 제공하여야 한다(「범죄수사규칙」 제203조).

뿐만 아니라 수사기관은 피해자 등의 신고·고소·고발·진정·탄원에 따라 수사를 할 때는, 사건 처리 진행 상황을 구두, 전화, 우편, 모사전송, 이메일, 문자메시지 등 사건을 접수할 때 피해자 등이 요청한 방법으로 통지하여야 하고(「범죄수사규칙」 제204조 제1항, 제5항), 사건을 송치하거나 다른 관서로 이송하는 등 수사를 종결하였을 때는 3일 이내에 피해자, 고소인 또는 고발인에게 같은 방법으로 해당 사실을 통지하여야 한다(「범죄수사규칙」 제204조 제2항, 제5항). 다만 피해자가 사망하거나 의사능력이 없거나 미성년자인 경우에는 피해자의 법정대리인, 배우자, 직계친족, 형제자매나 가족 등에게 통지한다(「범죄수사규칙」 제204조 제3항).

4) 피해자 등의 신변안전 조치

경찰관서장은 피의자의 범죄수법, 동기, 피해자 등과의 관계, 언동, 그 밖의 상황으로 보아, 피해자 등이 피의자, 그 밖의 사람으로부터 생명·신체에 해를 받거나 받을 염려가 있다고 인정되는 때는 직권 또는 피해자 등의 신청에 따라 신변안전에 필요한 조치를 강구해야 한다(「범죄수사규칙」 제205조 제1항). 신변안전조치의 종류는 다음과 같다(「범죄수사규칙」 제205조 제2항).

- 일정 기간 동안의 특정시설에서의 보호
- 일정 기간 동안의 신변경호
- 참고인 또는 증인으로 출석·귀가 시 동행
- 피해자 등의 주거·직장에 대한 주기적 순찰
- 비상연락망 구축 등 그 밖에 신변안전에 필요하다고 인정되는 조치

피해자가 성폭력 피해자인 때

'성폭력 피해자'란 성폭력으로 인하여 직접적으로 피해를 입은 사람을 말하는데, '성폭력'이란 ① 대표적인 성폭력범죄인 강간이나 강제추행뿐 아니라 ② 미성년자에 대한 간음과 추행 ③ 업무상 위력 등에 의한 간음이나 추행 ④ 영리를 목적으로 다른 사람이 성관계를 갖도록 하는 음행매개 ⑤ 음란한 그림 등을 제조·소지·수입하거나 이를 배포·상영하는 행위 ⑥ 공연한 음란행위 ⑦ 추행이나 간음, 성매매와 성적 착취를 목적으로 약취나 유인 및 인신매매하는 행위 ⑧ 성적 욕망을 만족시킬 목적으로 공공장소에 침입하는 행위 ⑨ 성적 욕망을 유발할 목적으로 전화나 컴퓨터 등을 통해 성적 수치심을 일으키는 말이나 그림·영상을 보내는 이른바 통신매체를 이용한 음란행위 ⑩ 카메라 등을 이용하여 성적 수치심을 유발할 수 있는 타인의 신체를 촬영하거나 상영하는 행위 등으로, 그 범위는 상당히 넓다.**

성폭력 피해를 입은 경우 피해자가 참고할 만한 사항은 아래와 같다.

1) 고소제한의 예외

** 성폭력범죄의 상세한 내역은 「성폭력범죄의 처벌 등에 관한 특례법」 제2조에 자세히 수록되어 있다.

「형사소송법」 제224조와 「군사법원법」 제266조는 범죄의 가해자가 본인이나 배우자의 직계존속인 경우에는 고소할 수 없다고 규정하고 있지만, 성폭력범죄에 대하여는 이와 같은 제한을 받지 않고 성폭력범죄의 가해자가 자기나 배우자의 직계존속이라 하더라도 고소할 수 있다(「성폭력범죄의 처벌 등에 관한 특례법」 제18조). 따라서 자기나 배우자의 직계존속이 자신이나 배우자에 대하여 성폭력행위를 한 경우에도 고소하여 처벌하게 할 수 있는 것이다.

2) 피해자 신원과 사생활비밀의 누설금지

성폭력범죄를 수사하거나 범죄자를 기소한 뒤 재판을 담당하거나 이에 관여하는 공무원은 피해자의 주소·성명·연령·직업·용모, 기타 피해자를 알 수 있는 인적 사항과 사진, 그리고 피해자의 사생활에 관한 비밀을 공개하거나 타인에게 누설하여서는 아니 된다(「성폭력범죄의 처벌 등에 관한 특례법」 제24조 제1항). 뿐만 아니라 누구든지 피해자의 동의를 받지 않고 피해자의 인적 사항이나 사진 등을 인쇄물에 싣거나 방송이나 정보통신망으로 공개하여서도 아니 된다(「성폭력범죄의 처벌 등에 관한 특례법」 제24조 제2항). 성폭력범죄의 피해자를 돕기 위하여 선정된 진술조력인이 직무상 알게 된 위와 같은 정보를 공개하거나 타인에게 누설하는 것도 마찬가지로 금지하고 있다(「성폭력범죄의 처벌 등에 관한 특례법」 제38조 제2항). 위와 같은 비밀엄수의무를 위반한 자는 2년 이하의 징역 또는 500만 원 이하의 벌금형을 받을 수 있다.

3) 피해자 조사 과정의 특례

피해자보호를 위해 피해자에 대한 조사는 미리 지정된 성폭력범죄 전담 검사나 성폭력범죄 전담 경찰관이 담당하도록 하고 있다(「성폭력범죄의 처벌 등에 관한 특례법」 제26조).

또 성폭력범죄의 피해자가 19세 미만이거나 신체적인 또는 정신적인 장애로 사물을 변별하거나 의사를 결정할 능력이 미약한 경우에는, 피해자나 법정대리인이 반대하지 않는 한 피해자의 진술 내용과 조사 과정을 비디오녹화기 등 영상물 녹화장치로 촬영·보존하여야 한다. 피해자 진술을 영상녹화하는 것은 나중에 가해자가 기소된 경우, 피해자가 공판기일에 법정에 출석하여 증언하는 것에 현저히 곤란한 사정이 발생한 경우, 공판기일에 출석하지 않고 미리 증인신문과 같은 증거보전 절차를 밟을 수 있도록 하기 위한 것이다. 물론 영상녹화를 하면 서면으로 진술조서를 남기는 것에 비하여 보다 생생한 피해 상황을 전달할 수 있고, 때로는 1회에 조사를 마쳐 반복적으로 조사받는 과정에서 피해자가 가진 심각한 심리적 고통을 줄이기 위한 방편이기도 하다.

또 수사기관은 피해자나 법정대리인이 신청하면 수사에 지장을 줄 우려가 있는 등 부득이한 경우가 아닌 한 피해자와 신뢰 관계에 있는 자를 동석하게 하여야 한다(「성폭력범죄의 처벌 등에 관한 특례법」 제34조 제2항). 이는 피해자가 법정에 증인으로 출석하여 증언하는 경우에도 마찬가지이다.

뿐만 아니라 검사나 사법경찰관은 범죄 신고 등과 관련하여 조서나 그 밖의 서류를 작성할 때 범죄 신고자 등이나 그 친족 등이 보복을 당할 우려가 있는 경우에는, 그 취지를 조서 등에 기재하고 범죄 신고자 등의 성명·연령·주소·직업 등 신원을 알 수 있는 사항의 전부 또는 일부를 기재하지 아니할 수 있다(「성폭력범죄의 처벌 등에 관한 특례법」 제23조, 「특정범죄신고자 등 보호법」 제7조 등).

4) 재판 과정에서의 피해자보호

성폭력범죄가 기소되어 재판이 열리는 경우, 성폭력범죄에 대한 심리는 그 피해자의 사생활을 보호하기 위하여 법원이 심리를 공개하지 아니하는 결정(비공개 결정)을 할 수 있다(「성폭력범죄의 처벌 등에 관한 특례법」 제31조 제1항). 그렇게 되면 사건에 재판 관계자와 피고인인 가해자와 같은 관련자 외의 다른 사람은 법정에서 퇴정하여야 하므로 피해자의 사생활과 범죄 피해 현황이 노출되는 위험을 줄일 수 있다. 또 법정에 증인으로 소환받은 성폭력범죄 피해자와 그 가족은 사생활보호 등의 사유로 증인신문의 비공개를 신청할 수 있고, 법원이 이를 허용할 경우에는 증인신문을 공개할 것인지 여부와 법정이 아닌 다른 장소에서 증인을 신문할 것인지 여부 등에 관하여 결정한다(「성폭력범죄의 처벌 등에 관한 특례법」 제31조 제2항, 제3항).

만약 강간죄가 포함된 성폭력범죄의 피해자를 증인으로 신문하는 경우 법원은 검사, 피고인, 변호인의 의견을 들어 비디오 등 중계장치에 의한 중계를 통하여 증인을 신문할 수 있다(「성폭력범죄의 처벌 등에 관한 특례법」 제40조 제1항). 이때 성폭력범죄 피해자를 증인으로 신문하기로 결정한 때 증인의 연령, 증언할 당시의 정신적·심리적 상태, 범행의 수단과 결과 및 범행 후의 피고인이나 사건 관계인의 태도 등을 고려하여 비디오 등 중계장치에 의한 신문을 할 것인지의 여부를 동시에 결정하도록 의무화하고 있다.

5) 조력인 제도

• 법률조력인제도

검사가 성폭력범죄 피해자를 위해 지정한 국선변호인으로, 성폭력사건 발생 초기부터 수사, 재판에 이르는 전 과정에서 피해자를 위해 전문적인 법률지원을 하는 자이다. 법률조력인은 변호사 중에서 지정되며, 그 비용은 국가가 지원한다.

성폭력범죄의 피해를 입은 19세 미만 아동이나 청소년에게 법정대리인이 없는 경우나 그 법정대리인이 사물을 변별할 능력이 없거나 미약한 경우, 「성폭력범죄의 처벌 등에 관한 특례법」 제3조 내지 제8조에 해당하는 성폭력범죄의 피해를 입은 19세 미만 아동이나 청소년은 누구나 지원받을 수 있다. 그 외 성폭력범죄 피해 아동과 청소년도 법률조력인의 도움이 필요하다고 검사가 인정하면 법률조력인의 도움을 받을 수 있다.

성폭력범죄 피해자 또는 그 법정대리인이 성폭력피해상담소(ONE-STOP지원센터 등), 경찰서, 검찰청 등 수사기관에 성폭력 피해사실 신고와 함께 구두 또는 서면으로 법률조력인의 지원을 신청할 수 있다. 피해자가 법률조력인의 도움을 원하지 않는 경우 이를 거부할 수 있으며, 피해자에게 정당한 사유가 있는 경우 검사가 지정한 법률조력인의 변경을 신청할 수 있다.

- 진술조력인제도

진술조력인은 성폭력범죄 피해자가 13세 미만 아동이거나 신체적·정신적 장애로 의사표현에 어려움이 있는 경우, 피해자 조사 및 증인 신문에 참여하여 의사소통을 중개하거나 보조하는 역할을 한다. 진술조력인은 조사 전에 피해자를 면담하여 조력의 필요성에 대한 평가 의견을 수사기관에 제출할 수 있고, 조사에 참여한 뒤에는 피해자의 의사소통이나 표현능력·특성 등에 관한 의견을 수사기관이나 법원에 제출할 수 있다. 진술조력인은 피해자가 수사기관에서 조사를 받을 때나 법원에서 증인으로 출석할 때 참여할 수 있다. 한 번 선정된 진술조력인은 선정이 취소되지 않는 한 재판이 확정될 때까지 진술조력인으로서 지위를 가진다.

6) 피해자에 대한 불이익처분의 금지

성폭력범죄의 피해자를 고용하고 있는 자와 고용주를 위하여 근로자에 관한 업무를 행하는 자는 성폭력범죄와 관련하여 피해자를 해고하거나 기타 불이익을 주어서는 아니 된다(「성폭력범죄의 처벌 등에 관한 특례법」 제23조).

7) 성폭력피해상담소 · 피해자 지원시설

• 상담소의 설치와 상담소의 업무

국가나 지방자치단체는 성폭력피해상담소를 설치 · 운영할 수 있고, 국가나 지방자치단체가 아닌 자가 상담소를 설치 · 운영하고자 할 때는 시장 · 군수 · 구청장에게 신고하여야 한다. 상담소의 업무는 ① 성폭력 피해의 신고 접수와 이에 관한 상담 ② 성폭력 피해로 인하여 정상적인 가정생활 및 사회생활이 어렵거나 기타 사정으로 긴급히 보호를 필요로 하는 사람을 병원 또는 성폭력피해자보호시설로 데려다주는 일 ③ 피해자 등의 질병 치료와 건강관리를 위하여 의료기관에 인도하는 등의 의료 지원 ④ 피해자에 대한 수사기관의 조사와 법원의 증인신문 등에 동행하는 일 ⑤ 가해자에 대한 고소와 피해배상청구 등 사법처리 절차에 관하여 대한변호사협회 · 대한법률구조공단 등 관계기관에 필요한 협조와 지원을 요청하는 일 ⑥ 성폭력 예방을 위한 홍보와 교육 ⑦ 기타 성폭력범죄 및 성폭력 피해에 관하여 조사 · 연구하는 일을 한다(「성폭력방지 및 피해자보호 등에 관한 법률」 제10조, 제11조).

- 보호시설의 설치와 보호시설의 업무

국가나 지방자치단체는 성폭력피해자보호시설을 설치 · 운영할 수 있고, 사회복지법인 기타 비영리법인은 시장 · 군수 · 구청장에게 신고하고 보호시설을 설치 · 운영할 수 있다. 보호시설의 업무는 ① 피해자 등을 보호하고 숙식을 제공하는 일 ② 피해자의 심리적 안정과 사회적응을 위한 상담과 치료 ③ 자립 · 자활 교육의 실시와 취업정보의 제공 ④ 피해자 등의 질병 치료와 건강관리를 위하여 의료기관에 인도하는 등의 의료 지원 ⑤ 피해자에 대한 수사기관의 조사와 법원의 증인신문 등에 동행하는 일 ⑥ 가해자에 대한 고소와 피해배상청구 등 사법처리 절차에 관하여 대한변호사협회 · 대한법률구조공단 등 관계기관에 필요한 협조와 지원을 요청하는 일 ⑦ 기타 성폭력 피해자의 보호를 위하여 필요한 일을 한다(「성폭력방지 및 피해자보호 등에 관한 법률」 제12조, 제13조).

- 의료지원

여성가족부장관이나 시장·군수·구청장은 국공립병원·보건소 또는 민간의료시설을 성폭력 피해자의 치료를 위한 전담의료기관으로 지정할 수 있으며, 전담의료기관은 상담소 또는 보호시설 장의 요청이 있을 경우 성폭력 피해자의 보건상담 및 지도, 성폭력 피해의 치료, 기타 신체적·정신적 치료를 행하여야 한다. 아울러 국가나 지방자치단체는 전담의료기관이 제공하는 의료지원에 필요한 경비의 전부나 일부를 지원할 수 있다(「성폭력방지 및 피해자보호 등에 관한 법률」 제27조, 제28조).

피해자가 가정폭력 피해자인 때

'가정폭력'이란 ① 배우자(사실상 혼인 관계에 있는 사람 포함)나 배우자였던 사람 ② 자기 또는 배우자와 직계존비속 관계(사실상의 양친자 관계 포함)에 있거나 있었던 사람 ③ 계부모와 자녀의 관계 또는 적모(嫡母)와 서자(庶子)의 관계에 있거나 있었던 사람 ④ 동거하는 친족과 같은 가정 구성원 사이에서 신체적·정신적 또는 재산상 피해를 수반하는 행위를 말한다(「가정폭력범죄의 처벌 등에 관한 특례법」 제2조 제1호, 제2호).

가정폭력의 피해자는 '가정폭력범죄'로 인하여 직접적으로 피해를 입은 사람을 말하는데, 가정폭력범죄는 가정 구성원 사이에서 일어나는 모든 범죄를 말하는 것이 아니고 ① 상해와 폭행 ② 유기와 학대 및 아동혹사 ③ 체포와 감금 ④ 협박 ⑤ 강간과 강제추행, 미성년자 등에 대한 간음과 추행 ⑥ 명예훼손과 모욕 ⑦ 주거나 신체, 차량 등의 수색 ⑧ 폭행이나 협박으로 타인의 권리행사를 방해하거나 의무 없는 일을 하게 하는 행위 ⑨ 공갈 ⑩ 재물이나 문서 등의 손괴와 같은 범죄만을 말한다(『가정폭력범죄의 처벌 등에 관한 특례법』 제2조 제3호, 제4호, 제5호).

가정폭력피해자가 참고할 만한 사항은 아래와 같다.

1) 가정폭력범죄에 대한 응급조치와 임시조치 등

가정폭력범죄가 진행 중인 경우에는 신고를 받은 경찰관은 즉시 현장에 나가서 ① 폭력행위의 제지, 가정폭력 행위자·피해자의 분리 및 범죄수사 ② 피해자를 가정폭력 관련 상담소 또는 보호시설로 인도(피해자가 동의한 경우만 해당) ③ 긴급치료가 필요한 피해자를 의료기관으로 인도 ④ 폭력행위 재발 시에 따라 임시조치를 신청할 수 있음을 통보하는 등의 '응급조치'를 취하여야 한다(『가정폭력범죄의 처벌 등에 관한 특례법』 제5조).

긴급을 요하지는 않지만 가정폭력범죄가 재발할 우려가 있다고 판단되면 검사는 직권이나 경찰관의 신청에 따라 가정폭력 행위자에게 ① 피해자나 가정 구성원의 주거 또는 점유하는 방실로부터 퇴거 등 격리시키거나 ② 피해자나 가정 구성원의 주거, 직장 등에서 100미터 이내의 접근을 금지시키거나 ③

피해자나 가정 구성원에 대하여 전화나 문자메시지, 메일 등으로 연락하는 것을 금지시키는 등의 '임시조치'를 법원에 청구할 수 있다(「가정폭력범죄의 처벌 등에 관한 특례법」 제8조 제1항). 만약 가정폭력 행위자가 법원이 결정한 임시조치를 위반하여 가정폭력범죄가 재발될 우려가 있다고 판단하는 경우, 검사는 직원으로 또는 경찰관의 신청에 따라 가정폭력 행위자를 경찰서 유치장이나 구치소에 유치하는 임시조치를 법원에 청구할 수 있다(「가정폭력범죄의 처벌 등에 관한 특례법」 제8조 제2항).

한편 경찰관이 응급조치를 취하였는데도 불구하고 가정폭력범죄가 재발될 우려가 있고 긴급을 요하여 법원의 임시조치 결정을 받을 수 없을 때는, 직권이나 피해자나 그 법정대리인의 신청에 따라 가정폭력 행위자에게 ① 피해자나 가정 구성원의 주거 또는 점유하는 방실로부터 퇴거 등 격리시키거나 ② 피해자나 가정 구성원의 주거, 직장 등에서 100미터 이내의 접근을 금지시키거나 ③ 피해자나 가정 구성원에 대하여 전화나 문자메시지, 메일 등으로 연락하는 것을 금지시키는 등의 '긴급임시조치'를 취할 수 있다(「가정폭력범죄의 처벌 등에 관한 특례법」 제8조의2).

가정폭력의 피해자라면 상황에 따라 사법경찰관이나 검사에게 이와 같은 응급조치나 임시조치 또는 긴급임시조치를 취해달라고 적극적으로 요구하는 것이 유리할 것이다.

2) 고소제한의 예외

성폭력 피해자와 비슷하게 가정폭력 피해자도 자기나 배우자의 직계존속을 고소할 수 없도록 한 「형사소송법」 제224조의 규정에도 불구하고, 가정폭력 행위자가 자기 또는 배우자의 직계존속인 경우에도 고소를 할 수 있다(「가정폭력범죄의 처벌 등에 관한 특례법」 제6조 제2항). 또 피해자나 그 법정대리인도 가정폭력 행위자를 고소할 수 있고, 만약 피해자의 법정대리인이 가정폭력 행위자인 경우 또는 가정폭력 행위자와 공동으로 가정폭력범죄를 범한 경우에는 피해자의 친족이 고소할 수 있다(「가정폭력범죄의 처벌 등에 관한 특례법」 제6조 제1항). 피해자에게 고소할 법정대리인이나 친족이 없는 경우에는 이해관계인이 신청하면 검사는 10일 이내에 고소할 수 있는 사람을 지정하여야 한다(「가정폭력범죄의 처벌 등에 관한 특례법」 제6조 제3항).

3) 피해자에 관한 비밀의 누설금지

가정폭력범죄를 수사하거나 가정보호사건을 조사·심리 및 그 집행을 담당하거나 이에 관여하는 공무원, 보조인 또는 상담소 등에 근무하는 상담원과 그 기관장, 아동의 교육과 보호를 담당하는 기관의 종사자와 그 기관장(그 직에 있었던 자를 포함)은 직무상 알게 된 비밀을 누설하는 것을 금지하며, 이를 위반한 경우에는 1년 이하의 징역이나 2년 이하의 자격정지 또는 1000

만 원 이하의 벌금에 처할 수 있다(「가정폭력범죄의 처벌 등에 관한 특례법」 제18조 제1항, 제64조 제1항).

또 위 특례법에 따른 가정보호사건에 대하여는 가정폭력 행위자, 피해자, 고소인, 고발인 또는 신고인의 주소, 성명, 나이, 직업, 용모, 그 밖에 이들을 특정하여 파악할 수 있는 인적 사항이나 사진 등을 신문 등 출판물에 싣거나 방송매체를 통하여 방송하여서도 아니 되며, 이를 위반한 경우에는 500만 원 이하의 벌금에 처할 수 있다(「가정폭력범죄의 처벌 등에 관한 특례법」 제18조 제2항, 제64조 제2항). 피해자가 보호하고 있는 아동이나 피해자인 아동의 교육 또는 보육을 담당하는 학교의 교직원 또는 보육교직원에 대하여는 정당한 사유가 없으면 해당 아동의 취학, 진학, 전학 또는 입소(그 변경을 포함)의 사실을 가정폭력 행위자인 친권자를 포함하여 누구에게든지 누설하지 못하도록 금지하고 있다(「가정폭력범죄의 처벌 등에 관한 특례법」 제18조 제3항).

4) 재판 과정에서의 피해자보호

성폭력범죄의 재판과 비슷하게 가정폭력범죄로 인하여 보호처분을 받을 수 있는 대상이 되는 사건(가정보호사건)을 심리할 때, 사생활보호나 가정의 평화와 안정을 위하여 필요하거나 선량한 풍속을 해할 우려가 있다고 인정하는 경우에는 법원은 심리를 공개하지 아니하는 결정(비공개 결정)을 할 수 있다(「가정폭력범죄의 처벌 등에 관한 특례법」 제32조). 가정폭력 피해자나 가정 구성원이 증인으로 소환된 경우에도 이들은 사생활보호나 가정의 평화와 안정의 회복을 이유로 하여 판사에게 증인신문의 비공개를 신청할 수 있으며, 이 경우 판사는 그 허가 여부와 공개법정외 장소에서의 신문 등 증인신문의 방식 및 장소에 관하여 결정할 수 있다(「가정폭력범죄의 처벌 등에 관한 특례법」 제32조 제2항).

5) 피해자보호명령과 배상명령

가정폭력 피해자나 그 법정대리인은 가정폭력 행위자의 행위지나 거주지 또는 현재지, 그리고 피해자의 거주지나 현재지를 관할하는 가정법원에 피해자보호명령을 청구할 수 있다. 가정법원이 피해자를 보호하는 데 필요하다고 인정하면, 법원은 성폭력 행위자에 대한 임시조치와 비슷하게 가정폭력 행위자에게 ① 피해자나 가정 구성원의 주거 또는 점유하는 방실로부터의 퇴거 등 격리 ② 피해자나 가정 구성원의 주거, 직장 등에서 100미터 이내의 접근금지 ③ 피해자나 가정 구성원에 대한 전화나 문자메시지, 메일 등으로 연락하는 것의 금지 ④ 가정폭력 행위자가 친권자인 경우에는 피해자에 대한 친권행사의 제한과 같은 조치의 전부나 일부를 명령할 수 있다(「가정폭력범죄의 처벌 등에 관한 특례법」 제55조의2).

또 피해자는 가정보호사건이 계속된 제1심 법원에 배상명령을 신청할 수 있는데, 이때 법원은 제1심의 가정보호사건 심리 절차에서 보호처분을 선고할 경우 직권 또는 피해자의 신청에 따라 가정폭력 행위자에게 ① 피해자나 가정 구성원의 부양에 필요한 금전의 지급 ② 가정보호사건으로 인하여 발생한 직접적인 물적 피해 및 치료비손해의 배상을 명할 수 있다(「가정폭력범죄의 처벌 등에 관한 특례법」 제57조).

6) 가정폭력 관련 상담소 · 피해자보호시설

• 상담소의 설치와 상담소의 업무

국가나 지방자치단체는 가정폭력 관련 상담소를 설치 · 운영할 수 있고, 그 외의 자가 상담소를 설치 · 운영하고자 할 때는 시장 · 군수 · 구청장에게 신고하여야 한다. 상담소의 업무는 ① 가정폭력을 신고받거나 이에 관한 상담에 응하는 일 ② 가정폭력을 신고하거나 이에 관한 상담을 요청한 사람과 그 가족에 대한 상담 ③ 가정폭력으로 인하여 정상적인 가정생활 및 사회생활이 어렵거나, 그 밖에 긴급히 보호를 필요로 하는 피해자 및 피해자가 동반한 가정 구성원을 임시로 보호하거나, 의료기관 또는 가정폭력피해자보호시설로 인도하는 일 ④ 가정폭력 행위자에 대한 고발 등 법률적 사항에 관한 자문을 얻기 위한 대한변호사협회 또는 지방변호사회 및 법률구조법인 등에 필요한 협조와 지원의 요청 ⑤ 경찰관서 등으로부터 인도받은 피해

자 등의 임시보호 ⑥ 가정폭력의 예방 및 방지에 관한 홍보 ⑦

기타 가정폭력 및 피해에 관한 조사·연구 등이다(「가정폭력범죄의

처벌 등에 관한 특례법」제5조, 제6조).

• 보호시설의 설치와 보호시설의 업무

국가나 지방자치단체는 가정폭력피해자보호시설을 설치·

운영할 수 있고, 사회복지법인 기타 비영리법인은 시장·군수·

구청장의 인가를 받아 보호시설을 설치·운영할 수 있다. 보호

시설의 업무는 ① 숙식의 제공 ② 심리적 안정 및 사회적응을

위한 상담 및 치료 ③ 질병 치료 및 건강관리를 위한 의료기관

으로 인도 등 의료지원 ④ 수사기관의 조사 및 법원의 증인신

문에의 동행 ⑤ 법률구조기관 등에 필요한 협조와 지원 요청

⑥ 자립자활교육의 실시와 취업정보의 제공 ⑦ 다른 법률에 의

하여 보호시설에 위탁된 사항 ⑧ 그 밖에 피해자 등의 보호를

위하여 필요한 일이며, 피해자가 동반한 가정 구성원에 대하여

는 숙식의 제공만 할 수 있다(「가정폭력방지 및 피해자보호 등에 관한 법

률」제7조, 제8조).

피해자가 성매매 피해자인 때

'성매매'란 불특정인을 상대로 금품이나 그 밖의 재산상의

이익을 수수(收受)하거나 수수하기로 약속하고 ① 성교행위나 ②

구강·항문 등 신체의 일부 또는 도구를 이용한 유사 성교행위

를 하거나 그 상대방이 되는 것을 말한다. '성매매 피해자'란 성매매행위에 관여한 자 중 ① 위계, 위력, 그 밖에 이에 준하는 방법으로 성매매를 강요당한 사람 ② 업무 관계, 고용 관계, 그 밖의 관계로 인하여 보호 또는 감독하는 사람에 의하여 마약·향정신성의약품 또는 대마에 중독되어 성매매를 한 사람 ③ 청소년, 사물을 변별하거나 의사를 결정할 능력이 없거나 미약한 사람 또는 중대한 장애가 있는 사람으로서 성매매를 하도록 알선·유인된 사람 ④ 성매매 목적의 인신매매를 당한 사람을 말한다(『성매매알선 등 행위의 처벌에 관한 법률』 제2조 제1호, 제4호).

성매매 피해자가 참고할 만한 사항은 아래와 같다.

1) 형사처벌의 면제와 민사상 채권의 무효

성매매 행위자가 성매매 피해자로 인정되면 성매매 피해자의 성매매는 처벌하지 않는다(『성매매알선 등 행위의 처벌에 관한 법률』 제6조 제1항).

또 ① 성매매알선 등 행위를 한 사람이나 ② 성을 파는 행위를 할 사람을 고용·모집하거나, 그 직업을 소개·알선한 사람 또는 ③ 성매매 목적의 인신매매를 한 사람이 그 행위와 관련하여 성을 파는 행위를 하였거나 할 사람에게 가지는 채권은 그 계약의 형식이나 명목에 관계없이 무효로 한다. 그 채권을 양도하거나 그 채무를 인수한 경우에도 마찬가지다(『성매매알선 등 행위의 처벌에 관한 법률」 제10조 제1항). 성매매를 알선하는 자 등이 성매매행위와 관련하여 성매매 행위자에게 돈을 빌려주거나 다른 여러 명목의 채권을 가지는 경우, 그런 채권은 형식이나 명목을 불문하고 무효로 함으로써 성매매 피해자를 보호하고 성매매행위와 관련된 금전거래를 차단하기 위한 것이다.

2) 수사나 재판 과정에서 신고자나 성매매 피해자의 보호

성매매사건을 수사하는 검사나 경찰관은 수사 과정에서 피의자나 참고인이 성매매 피해자에 해당한다고 볼만한 상당한 이유가 있을 때는 지체 없이 법정대리인·친족 또는 변호인에게 통지하고, 신변보호, 수사의 비공개, 친족 또는 지원시설·성매매피해상담소로 인계 등 그 보호에 필요한 조치를 하여야 한다. 그러나 성매매 피해자의 의사에 반해서 하는 이러한 조치는 그 여성의 인권을 다시 침해할 여지가 있으므로, 피의자 또는 참고인의 사생활보호 등 부득이한 사유가 있는 경우에는 통지하지 않을 수 있다(「성매매알선 등 행위의 처벌에 관한 법률」 제6조 제2항).

또 법원이나 수사기관은 성매매범죄의 신고자나 성매매피해자를 조사하거나 증인으로 신문하면서 조서나 그 밖의 서류를 작성할 때, 신고자나 성매매 피해자 또는 그 친족 등이 보복 당할 우려가 있는 경우에는 그 취지를 조서 등에 기재하고 범죄 신고자 등의 성명·연령·주소·직업 등 신원을 알 수 있는 사항의 전부 또는 일부를 기재하지 아니할 수 있다(「성매매알선 등 행위의 처벌에 관한 법률」 제6조 제3항, 제7조 등). 또 신고자나 성매매 피해자, 또는 그 법정대리인, 친족 등은 보복당할 우려가 있는 경우 판사, 검사 또는 주거지나 현재지를 관할하는 경찰서장에게 신변안전조치를 취하여달라고 요청할 수 있고, 판사에 대하여는 검사에게 위의 조치를 취하도록 요청해줄 것을 신청할 수 있다.

법원이나 수사기관은 신고자나 성매매 피해자를 조사하거나 증인으로 신문하는 때, 직권 또는 본인·법정대리인이나 검사의 신청에 의하여 신뢰 관계에 있는 자를 동석하게 할 수 있다(「성매매알선 등 행위의 처벌에 관한 법률」 제8조 제1항, 제2항). 특히 청소년, 사물을 변별하거나 의사를 결정할 능력이 없거나 미약한 자 또는 중대한 장애가 있는 자에 대하여 제1항 및 제2항의 규정에 따른 신청이 있는 경우에는 재판 또는 수사에 지장을 초래할 우려가 있는 등의 특별한 사유가 없는 한 신뢰 관계에 있는 자를 동석하게 하여야 한다(「성매매알선 등 행위의 처벌에 관한 법률」 제8조 제3항).

법원은 신고자나 성매매 피해자 등의 사생활 또는 신변보호를 위하여 필요한 때는 결정으로 심리를 공개하지 아니할 수 있고, 증인으로 소환받은 신고자 등과 그 가족은 사생활 또는 신변보호를 위하여 증인신문의 비공개를 신청할 수 있으며, 그런 신청이 있을 경우 재판장은 그 허가 여부, 법정 외의 장소에서 신문 등 신문의 방식 및 장소에 관하여 결정할 수 있다(「성매매알선 등 행위의 처벌에 관한 법률」 제9조 제1항, 제2항, 제3항).

3) 성매매피해상담소·성매매 피해자 등을 위한 지원시설

• 상담소의 설치와 상담소의 업무

국가나 지방자치단체는 성매매피해상담소를 설치·운영할 수 있고, 그 외의 자가 상담소를 설치·운영하고자 할 때는 시장·군수·구청장에게 신고하여야 한다. 상담소의 업무는 ① 상담 및 현장 방문 ② 지원시설 이용에 관한 고지 및 지원시설에의 인도 또는 연계 ③ 성매매 피해자의 구조 ④ 질병치료와 건강관리를 위하여 의료기관에 인도하는 등의 의료지원 ⑤ 수사기관의 조사와 법원의 증인신문 동행 ⑥ 법률구조기관 등에 필요한 협조와 지원 요청 ⑦ 다른 법률에서 상담소에 위탁한 사항이나 여성가족부령으로 정하는 사항이다(「성매매방지 및 피해자보호 등에 관한 법률」 제10조, 제11조).

• 성매매 피해자 등을 위한 지원시설의 설치와 지원시설의 업무

국가나 지방자치단체는 성매매 피해자 등을 위한 지원시설을 설치·운영할 수 있고, 국가나 지방자치단체가 아닌 자는 시장·군수·구청장에게 신고하여 지원시설을 설치·운영할 수 있다. 지원시설의 업무는 ① 숙식 제공 ② 심리적 안정과 사회 적응을 위한 상담 및 치료 ③ 질병 치료 및 건강관리를 위한 의

료기관으로 인도 등 의료지원 ④ 수사기관의 조사 및 법원의 증인신문에의 동행 ⑤ 법률구조기관 등에 필요한 협조와 지원 요청 ⑥ 자립자활교육의 실시와 취업정보의 제공 ⑦ 다른 법률에 의하여 보호시설에 위탁된 사항 ⑧ 그 밖에 여성가족부령으로 정하는 사항이다. 피해자 등의 보호를 위하여 필요한 일이며, 피해자가 동반한 가정 구성원에 대하여는 숙식의 제공만 할 수 있다(「성매매방지 및 피해자보호 등에 관한 법률」 제6조, 제7조). 이 같은 지원시설의 종류로는 일반지원시설, 청소년지원시설, 외국인 여성지원시설, 자활지원센터가 있다.

4) 지원시설 등의 신고 의무와 신고자의 보호

성매매피해상담소와 성매매 피해자 등을 위한 지원시설의 장이나 그 종사자는 업무와 관련하여 성매매 피해사실을 알게 된 때는 지체 없이 수사기관에 신고하여야 한다(「성매매알선 등 행위의 처벌에 관한 법률」 제7조 제1항). 아울러 누구든지 위 법에 규정된 범죄를 신고한 자에 대하여 그 신고를 이유로 불이익을 주어서는 아니 되고, 다른 법률에 규정이 있는 경우를 제외하고는 신고자 등의 인적 사항이나 사진 등 그 신원을 알 수 있는 정보나 자료를 인터넷 또는 출판물에 게재하거나 방송매체를 통하여 방송하여서는 아니 된다(「성매매알선 등 행위의 처벌에 관한 법률」 제7조 제1항).

5) 외국인여성에 대한 특례

외국인여성이 성매매범죄를 신고하거나 외국인여성을 성매매피해자로 수사하는 때는, 당해 사건을 불기소처분하거나 공소를 제기할 때까지 「출입국관리법」 제46조의 규정에 의한 강제퇴거명령 또는 같은 법 제51조의 규정에 의한 보호의 집행을 하여서는 아니 된다. 이 경우 수사기관은 출입국관리사무소에 당해 외국인여성의 인적 사항과 주거를 통보하는 등 출입국관리에 필요한 조치를 취하여야 한다(「성매매알선 등 행위의 처벌에 관한 법률」 제11조 제1항).

또 검사는 성매매범죄사건에 대하여 공소를 제기한 후에는 성매매 피해 실태, 증언 또는 배상의 필요성, 그 밖의 정황을 고려하여 출입국관리사무소장 등 관계기관의 장에게 일정한 기간을 정하여 강제퇴거명령의 집행을 유예하거나 보호의 일시해제를 요청할 수 있다(「성매매알선 등 행위의 처벌에 관한 법률」 제11조 제2항). 강제퇴거명령의 집행을 유예하거나 보호의 일시해제를 하는 기간 중에는 당해 외국인여성에게 지원시설 등을 이용하게 할 수 있고, 수사기관은 외국인여성을 성매매 피해자로 조사하는 때는 「소송촉진 등에 관한 특례법」에 따른 배상신청을 할 수 있음을 고지하여야 하고, 성매매 피해자인 외국인여성이 「소송촉진 등에 관한 특례법」에 따른 배상신청을 한 때는 그 배상명령이 확정될 때까지 강제퇴거되지 않는다(「성매매알선 등 행위의 처벌에 관한 법률」 제7조 제3항, 제4항, 제5항).

한편 2002년 12월 5일에 개정된 「출입국관리법」은 취업에 따른 계약이나 채무이행의 확보수단으로 외국인의 여권이나 외국인등록증을 제공받거나 그 제공을 강요하는 행위를 금지하였다(제22조의2 제1호).

6) 기타 도움을 주는 기관이나 단체

• 117학교여성폭력긴급지원센터

「117성매매피해여성긴급지원센터」를 기반으로 하며, 「학교·여성폭력피해자 ONE-STOP지원센터」와의 유기적인 연계를 도모하여 학교·여성폭력으로 피해자 지원 대상을 확대하고, 온라인 상담신고창구를 통하여 피해자 중심의 서비스를 제공하고자 개소하였다. 성매매피해여성긴급지원센터 상담원이 온라인상에서 직접 상담과 신고 접수를 받으며, 「학교·여성폭력피해자 ONE-STOP지원센터」와 연계하여 피해자를 위한 상담·수사·의료·법률지원 및 여성·청소년범죄 관련 다양한 정보를 제공한다.

• 학교여성폭력피해자 ONE-STOP지원센터

2001년 10월부터 소규모로 시범운영해오던 경찰병원 내 성폭력 의료지원센터를 개편하여 성폭력뿐만 아니라 학교, 가정폭력 피해자, 성매매 피해여성 등에게 무료로 24시간 의료,

상담, 수사에 필요한 진술녹화 및 증거 채취, 법률지원, NGO 연계 등 피해자를 위한 통합지원을 하고 있다. 의료지원은 센터 전담 산부인과 전문가가 응급의학과 24시간 진료하며, 첨단 산부인과 의료장비를 구비하여 영상진료 및 증거 자료를 제공한다. 상담지원은 사회복시사가 상주하여 안정실에서 피해자의 조기 안정을 도모한다. 117센터 홈페이지와 실시간 연계하여 사이버 상담이 가능하며, NGO나 쉼터 등과의 연계 또한 적극 지원하고 있다. 수사지원은 진술녹화 및 상담전문 여성 경찰관이 24시간 근무하며, 피해자가 의료 진료차 내방 시 진술을 녹화하여 증거로 활용하고 있다. 피해자 조사와 동시에 112 · 2117 및 여경기동수사대와 연계하여 신속하게 사건을 처리하고 있다. 법률지원은 학교 · 여성폭력 전문변호사 등 무료 법률지원단(50명)을 구성하여 요일별로 센터에서 순환 근무하며 민형사소송 절차 등 법률상담을 제공한다.

• 한국 여성의 집

20세 이상의 성매매 피해여성의 안전한 보호와 자립준비를 지원하며 법률, 의료, 자활 등의 분야로 나누어 지원하고 있다.

피해자가 장애인일 때

'장애인'이라 함은 신체적 · 정신적 손상 또는 기능상실이 장기간에 걸쳐 개인의 일상 또는 사회생활에 상당한 제약을 초래하는 상태에 처한 사람을 말한다(「장애인차별금지 및 권리구제 등에 관한 법률」 제2조).

사법기관은 사건 관계인에 대하여 의사소통이나 의사표현에 어려움을 겪는 장애가 있는지 여부를 확인하고, 그 장애인에게 형사사법 절차에서 조력을 받을 수 있음과 그 구체적인 조력의 내용을 알려주어야 한다. 이 경우 사법기관은 해당 장애인이 형사사법 절차에서 조력받기를 신청하면 정당한 사유 없이 이를 거부하여서는 아니 되며, 그에 필요한 조치를 마련하여야 한다(「장애인차별금지 및 권리구제 등에 관한 법률」 제26조 제6항).

피해자가 아동이나 청소년인 때

「아동복지법」 및 「아동학대범죄의 처벌 등에 관한 특례법」상 '아동'은 만 18세 미만인 사람을 말한다. 청소년유해매체물, 청소년유해약물, 청소년유해업소 등의 규제에 있어 보호 대상인 청소년은 「청소년보호법」에 따라 만 19세 미만인 사람을 대상으로 한다. 피해자가 아동인 경우에 참고할 만한 사항은 다음과 같다. 아동이 성폭력 피해를 당한 경우에는 이번 장의 '3. 수사 과정에서 피해자의 보호와 구제' 중 '피해자가 성폭력피해자인 때'를 참고하면 된다.

1) 피해아동에 대한 응급조치

아동학대범죄 신고를 접수한 사법경찰관리나 아동보호전문기관의 직원은 지체 없이 아동학대범죄의 현장에 출동하여야 한다. 현장에 출동하거나 아동학대범죄의 현장을 발견한 사법경찰관리 또는 아동보호전문기관의 직원은 피해아동보호를 위하여 즉시 아동학대범죄행위를 제지하고, 피해아동으로부터 학대 행위자를 격리시키며, 필요한 경우 피해아동을 보호시설이나 의료기관으로 인도하는 등 응급조치를 취하여야 한다. 응급조치는 72시간을 넘을 수 없다. 이러한 응급조치에도 불구하고 아동학대범죄가 재발될 우려가 있는 때는 검사의 신청으로 법원이 아동학대 행위자에 대하여 100미터 이내의 접근금지, 친권행사의 정지 등 긴급임시조치를 할 수 있다(『아동복지법』 제11조, 제12조, 제19조 등).

2) 법률 조력인(피해자 국선변호사) 및 진술조력인

성폭력범죄에 대해서만 적용되던 피해자 국선변호사 및 진술조력인제도가 아동학대범죄에서도 도입되어 아동학대범죄 피해아동에 대해서도 법률조력인이나 진술조력인 지원을 받을 수 있다(265쪽 '피해자가 성폭력 피해자인 때' 참조).

▪ 관련기관 및 연락처 안내

	관련기관명	홈페이지	상담전화
성폭력 피해자	여성 긴급전화		국번 없이 1366
	한국성폭력 상담소	http://www.sisters.or.kr	(02) 338-5801~2
가정폭력 피해자	여성 긴급전화		국번 없이 1366
	한국가정법률 상담소	http://www.lawhome.or.kr	1644-7077
성매매 피해자	여성 긴급전화		국번 없이 1366
	다시함께 상담센터	http://www.dasi.or.kr	(02) 814-3660 (02) 3280-5008 (청소년성매매특별전담)
아동· 장애인 피해자	안전Dream 아동· 여성·장애인 경찰지원센터		국번 없이 117
	장애인인권침해예 방센터	http://15775364.or.kr	1577-5364
	서울시 아동학대 상담전화		1644-9060